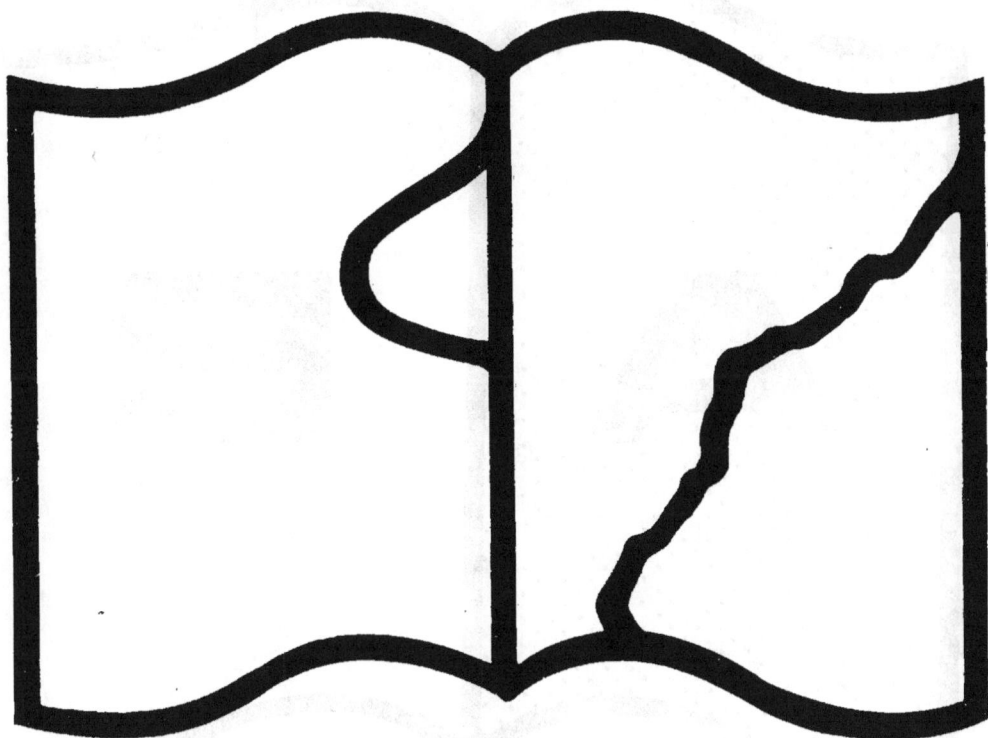

Texte détérioré — reliure défectueuse

NF Z 43-120-11

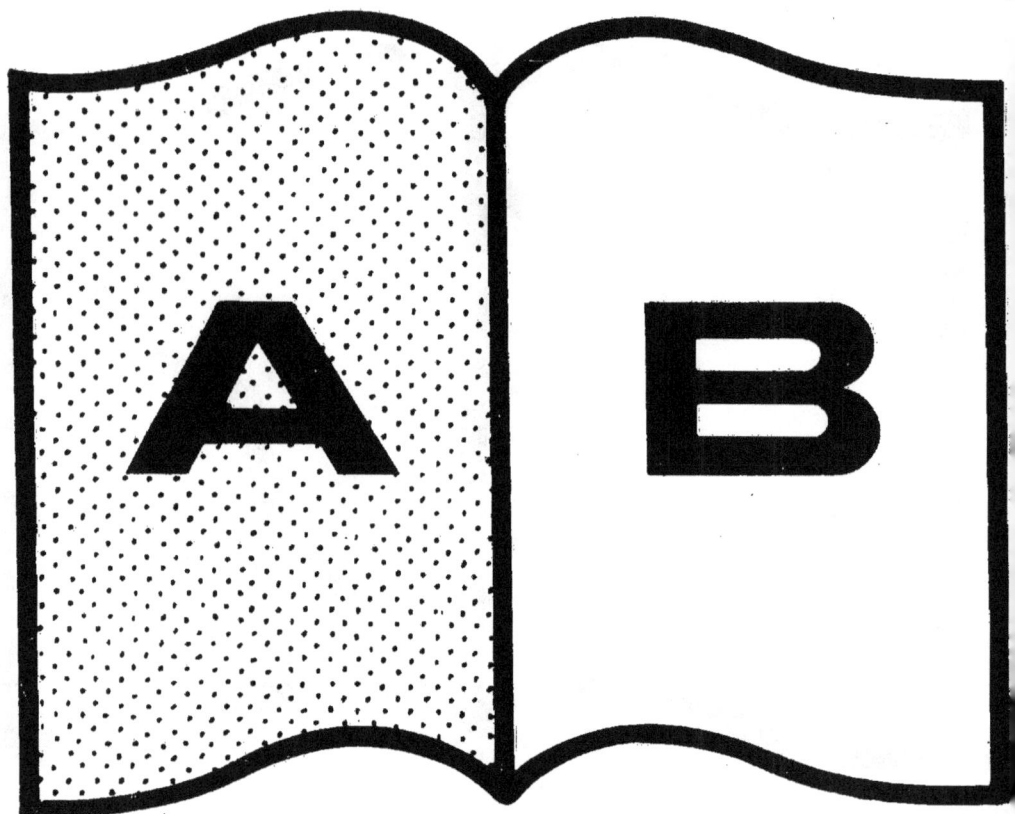

Contraste insuffisant

NF Z 43-120-14

FRIQUETTE

Oui, Oui... Mais tu ne donnes que huit cartes, et chez ma belle-mère
on en donne neuf. (P. 2.)

I

EN JOUANT AU BÉSIGUE

— Vois-tu, Plantureau, j'ai là-dessus une idée arrêtée et je ne m'en
départirai pas, parce qu'en toutes choses il faut du caractère, et je me
flatte d'en avoir... Quand j'ai dit : « C'est ça! » eh bien, c'est ça!...

— Du vivant de ta femme, il me semble qu'alors elle disait : « Ce n'est pas ça... »

— Pas du tout, tu es dans l'erreur la plus complète; du vivant de ma femme, je ne faisais également que ce que j'avais résolu; seulement il se trouvait que ma volonté s'accordait toujours avec celle d'Ursule. Alors cela allait tout seul... nous n'avions pas la moindre discussion !...

— Tu étais bien heureux! Une femme qui est constamment de votre avis, c'est rare... Je ne suis pas si bien tombé que toi. La mienne est presque toujours d'un avis contraire au mien... Je ne l'écoute pas, naturellement, parce que c'est l'homme qui doit être le maître. Mais aussi, nous nous disputons quinze fois par semaine !... En combien jouons-nous?

— En deux mille comme à l'ordinaire, nous avons quatre jeux. On peut faire le cinq cents, puis le quinze cents, quand on a un troisième bésigue et qu'on n'a pas touché aux deux premiers... alors on a gagné tout de suite...

— Oui, oui... Mais tu ne donnes que huit cartes, et chez ma belle-mère on en donne neuf.

— Avec neuf le jeu devient trop facile, c'est une ânerie; avec huit il offre plus de difficultés et c'est ce qui en fait le charme...

— Je suis en train d'inventer un jeu qui réunira tous les suffrages et que je crois appelé à obtenir un immense succès !...

— En vérité!... Eh bien, prends ta carte en attendant...

— Figure-toi, Belatout, un jeu de cartes qui en contiendra cent quatre...

— Deux jeux entiers, alors...

— Non, ce sera un seul jeu de cent quatre cartes.

— Tu en inventeras donc de nouvelles?

— Non, mais il y aura la simple et la double; par exemple, l'as et le double as, le valet de trèfle et le double valet de trèfle, ainsi de suite... Comprends-tu?...

— Pas beaucoup; mais à quoi servira-t-il d'avoir les cartes en double?

— Oh! mon cher, cela servira souvent; les doubles prendront les simples, mais trois simples prendront une double... Ce sera très compliqué!

— Je crains que ce ne soit trop compliqué... Je marque cent d'as... Et comment appelleras-tu ton nouveau jeu?

— Je ne suis pas encore bien décidé pour le nom; j'aie envie de l'appeler l'Œdipe.

— Ah! mon Dieu!... il y aura donc des énigmes à deviner...

— Oui, il faudra trouver la manière de gagner... Mes rois seront tous des Œdipes... Je ferai faire des figures nouvelles...

— Je marque soixante de dames...

— Tu marques souvent, toi!

— C'est que je m'occupe de mon jeu et non pas de tes Œdipes... Prends ta carte.

— Je cherche un dessinateur de talent pour me faire les nouvelles figures de mon jeu... Les reines seront des *Jocaste*...

— Et ta femme, que dit-elle de cette invention-là?

— Eh! mon Dieu! comme à l'ordinaire : elle crie, elle tempête, elle prétend que je vais encore faire four et perdre de l'argent... Heureusement, cela ne m'empêche pas d'aller mon petit bonhomme de chemin...

— Je marque deux cent cinquante... Prends ta carte...

— Mais si on voulait écouter les femmes, on ne ferait jamais rien... on ne sortirait pas de son berceau! Eh bien! moi, je veux en sortir; j'ai le génie des inventions! Je veux trouver quelque chose qui me rende deux fois millionnaire!

— Deux fois!.... Tu veux l'être deux fois? Une seule ne te suffirait pas?

— Quand on est sur le chemin de la fortune, pourquoi s'arrêter?

— Écoute, mon cher Plantureau, je suis ton ami, tu le sais, et puis j'ai, je crois, huit ou dix ans de plus que toi... car j'entre dans ma cinquante-troisième, et toi?...

— Ma femme m'a défendu de dire mon âge.

— Comme tu voudras, je n'y tiens pas. Cela ne m'empêche pas d'être ton ami, de m'intéresser à ce qui te regarde; c'est pourquoi je me permettrai de te dire que jusqu'à présent ta femme n'a pas eu tort de s'opposer à tes inventions, car si tu veux aller sur le chemin de la fortune, il me semble que, pour le moment, tu y marches comme les écrevisses... Prends ta carte... Tu avais un bon commerce de bêtes à cornes, et, les bêtes à cornes, cela donne toujours!... Depuis que ton père est mort, tu y as renoncé.

— Mon père m'a laissé assez de fortune pour vivre à mon aise... je n'ai plus besoin de faire du commerce!

— Soit! je le veux bien. Jouis de ta fortune, promène-toi... Prends donc ta carte. Mène une douce vie dans ton ménage, c'est très bien. Mais depuis que tu as quitté les bêtes à cornes, qui t'enrichissaient, tu t'es livré à cette fureur d'inventions qui te coûte de l'argent et ne t'en rapporte pas du tout!

— Ah! tu vas être comme les autres, toi, ne voir le mérite que dans le succès! Parce qu'un homme ne réussit pas tout de suite, c'est un imbécile, un sot!... Et les *Fulton*, les *Colomb*, les *Gutenberg*, est-ce qu'ils ont réussi tout de suite? Mais le malheur, c'est d'habiter une petite ville, dans laquelle on ne peut pas donner l'essor à son génie, à ses idées, où il n'y a pas assez de monde pour les comprendre et les mettre en œuvre...

— Mon cher ami, ne dis pas de mal de notre ville de Bar-le-Duc. D'abord elle est fort gentille; elle est arrosée par la petite rivière d'Orney, dans laquelle on pêche de très bonnes truites, ensuite on y fait d'excellentes confitures, renommées et recherchées par tous les gourmands!... Je marque le cinq cents... Les vins de Bar sont excellents, presque aussi délicats que les vins de Champagne!... Nous sommes à cinquante-quatre lieues de Paris, c'est vrai... mais qu'importe? Quand on est bien chez soi, est-il nécessaire d'aller chercher le bonheur ailleurs?... Un proverbe dit : *Pierre qui roule n'amasse pas de mousse.*

— Ce proverbe-là n'a pas le sens commun. Moi, je soutiens au contraire qu'il faut rouler, et beaucoup, pour faire sa pelote.

— Mais quand on a une jolie petite pelote toute faite, à quoi bon l'exposer aux injures du temps? Dis donc, Plantureau, il me semble que tu joues avec neuf cartes?

— Tiens, c'est vrai.

— Si c'est une nouvelle invention, elle ne te porte pas bonheur...

— Tu me dis toujours : « Prends ta carte... » j'en aurai trop pris...

— Ensuite, si tu comptes jouer avec un jeu de cent quatre cartes, tu veux t'habituer à en tenir beaucoup dans ta main!

— Tu te moques de moi, Belatout; mais tu verras mon jeu nouveau... quel succès l'attend!

— Je le souhaite de grand cœur, mon ami, car depuis que tu inventes, tu attends le succès en vain. Tu avais fait des lampes qui devaient brûler sans huile... Tu en as fait fabriquer des centaines! Tu n'en as pas vendu deux... On prétend qu'elles ne brûlaient pas du tout.

— Si... par le gaz... mais on ne savait pas s'en servir.

— Tu as aussi fait des fourneaux qui cuisaient sans feu?

— Oui, par la vapeur. Tu ne nieras pas la vapeur, j'espère?

— Je ne nie rien! mais je sais seulement quels malheureux événements furent causés par tes fourneaux... Tu en avais vendu deux, l'un à un gros épicier, l'autre à un ferblantier du coin. En s'en servant pour faire son dîner, l'épicier, qui voulait s'assurer que sa choucroute cuisait, a eu un œil perdu par un jet de vapeur qui est parti comme une fusée; chez le ferblantier, ce fut autre chose : son fourneau éclata, et un des débris lui sauta au visage et lui emporta tout un côté du nez!

Friquette est gentille. (P. 10.)

   — Parce que ces gens-là n'avaient pas bien suivi mes prescriptions ;
ce n'était pas ma faute !

   — Ce qui n'empêche pas que tu fus obligé de payer l'œil de l'épicier
et la moitié du nez qui manquait au ferblantier ; ce dernier fut surtout
très récalcitrant ; il voulut une grosse somme parce qu'il avait eu, avant
l'accident, la prétention d'être joli garçon et qu'il prétendit qu'avec une

seule narine il ne pourrait plus trouver une femme qui voulût de lui.

— Il a menti, il en trouvait encore ; c'est lui qui a dit que depuis qu'il n'avait plus qu'une narine il ne pouvait pas les sentir.

— Enfin, tes fourneaux ont été rejoindre tes lampes ; ta femme prétend qu'elle a deux chambres qui en sont pleines, et c'est cela qui lui donne de l'humeur. Heureusement ton jeu de l'Œdipe ne tiendra pas tant de place, il faut l'espérer. Comptons nos brisques... Il me semble que tu n'as pas marqué beaucoup...

— Ce jeu-là est trop facile, trop simple pour moi... Parlez-moi du trictrac, des échecs! A la bonne heure, voilà des jeux!... Mais j'ai en tête quelque autre chose de plus intéressant que tout cela!

— Encore une invention?

— Toujours... Je te dis que je veux arriver et j'arriverai. Pour cela, je veux aller à Paris, ce n'est que là qu'on peut percer...

— On y perce aussi les coudes de ses habits quand on ne réussit pas!

— Ta! ta! ta! Tu parles comme ma femme, et ce n'est pas un bon moyen pour que je t'écoute... Tu n'aimes pas Paris parce que tu ne le connais pas, que tu n'y as jamais été.

— Si fait, je connais Paris... pas beaucoup, à la vérité ; je n'y suis resté que trois jours, c'était à l'époque de mon mariage... Il fallait acheter la corbeille, mon père m'a dit : « Va à Paris, tu trouveras ce qu'il y a de mieux. » J'y suis allé, le troisième jour je repartais bien vite. J'étais pressé de revoir ma fiancée!

— En trois jours tu conviendras que tu n'as pas eu le temps de connaître Paris? Tu n'as pu rien voir.

— Oh! si, j'ai encore vu pas mal de choses; d'abord la rivière qui coupe Paris en deux... ensuite le Jardin des Plantes, où il y avait des animaux... j'ai même donné à manger aux ours; tout un petit pain y a passé!

— Et dire que des provinciaux viennent à Paris pour donner à manger aux ours!... Quelle jolie récréation!

— Pourquoi donc pas, si cela m'amusait?

— Je gage que tu n'as pas seulement été au spectacle?

— Tu te trompes, j'y suis allé.

— A l'Opéra?

— Non, pas tout à fait, mais c'était pourtant un beau théâtre : c'était au théâtre de la Gaîté, sur un boulevard où il y avait cinq ou six théâtres tout proche les uns des autres...

— Ah! c'était sur le boulevard du Temple... il est démoli à présent.

— Moi, j'avais envie de m'amuser, de rire un peu ; alors je me dis :
« Allons au théâtre de la Gaîté, naturellement ce qu'on y joue doit être
gai. » Eh bien, pas du tout ! figure-toi qu'on donnait une pièce dans laquelle
tout le monde était triste. La princesse pleurait, le prince hurlait et les
enfants se lamentaient. Au dénoûment, tout le monde mourait : l'un se
poignardait, l'autre s'empoisonnait !... Je me suis dit : « Si c'est ça qu'on
appelle de la gaîté, merci, j'en ai assez, on ne m'y reprendra plus. »

— C'est que tu étais tombé sur un drame larmoyant.

— Alors il ne faut pas mettre sur sa façade : Théâtre de la Gaîté ! Ma
foi, j'avoue que je n'ai vu que ça à Paris, qui m'a paru une ville fort
dangereuse.

— Et, cependant, tu as laissé ton fils y aller faire son droit ; tu vois
bien que tu n'es pas conséquent avec toi-même...

— D'abord, ce n'est pas moi, c'est ma femme... non, je veux dire,
c'était notre envie à tous les deux de faire d'Eugène un avocat célèbre. On
m'a dit : « Votre fils se formera bien plus vite dans la grande ville. » De
son côté, Eugène brûlait du désir d'y aller ; je l'ai laissé partir... je ne suis
pas à m'en féliciter. Qu'est-ce que mon fils a appris à Paris ? A manger de
l'argent, à fumer comme un vieux poêle, à parler un jargon qui n'est
ni français ni gaulois... c'est de l'argot!... Jolie langue ! Ils appellent
cela la langue verte !... parce que c'est le langage usité par les voleurs.
Trouves-tu que c'est bien gentil d'entendre un jeune homme, reçu dans
un monde bien élevé, parler le langage de ces messieurs destinés à aller
au bagne ? Moi, je trouve cela pitoyable !... Ensuite, les jeunes gens
d'aujourd'hui ont jugé commode de nier le respect que l'on doit à ses
parents, ils appellent ceux-ci des ganaches, et trouvent très mauvais que
les hommes qui ont de l'expérience se permettent de leur donner des conseils... Un de ces jours je ne serais pas étonné qu'ils demandassent au
gouvernement une loi par laquelle il ne serait pas permis de vivre au delà
de soixante ans !...

— Tiens, c'est une idée, cela !...

— Ma pauvre femme est morte, c'est bien heureux !... Je veux dire
que du moins elle n'a pas entendu son fils venir ici se moquer de nous,
nous dire : « Vous n'êtes pas *chic* ; vous avez une drôle de *binette* ; » ou :
« *Vous me la faites à l'oseille !* » et autres jolies phrases de ce genre.

— Mon cher Belatout, les jeunes gens se laissent entraîner par les
choses nouvelles... tout ce qui est de mode leur semble beau... Il faut
pardonner bien des choses à la jeunesse... Prends ta carte, c'est toi qui
l'oublies à présent...

— Mon cher Plantureau, j'ai été jeune aussi, et quand mon père me disait : « Il faut aller voir ta tante, » je ne lui répondais pas : « *Vous me la faites à l'oseille!* »

— Ton fils y est toujours, à Paris?

— Oui; mais je lui ai écrit de revenir, de quitter cette Babylone moderne, de rentrer au foyer paternel, et je l'attends... Je mitonne, ici, pour lui, un mariage avec la nièce du notaire... Mlle de Boissalé ; ce serait un parti fort avantageux.

— Mlle de Boissalé? mais elle est fort laide!

— Qu'est-ce que cela me fait!

— A toi, rien, je le conçois; mais cela fera beaucoup à ton fils... Prends donc ta carte...

Mlle de Boissalé, outre ses avantages pécuniaires, a un grand mérite à mes yeux.

— Lequel?

— C'est qu'elle ne touche pas de piano. Ah! mon ami, les demoiselles qui touchent du piano!... mais cela devient la *scie* de la société. Je dis la scie, c'est un peu argot cela; mais c'est qu'en vérité le piano est devenu un instrument tellement commun, qu'il vous poursuit partout.

— Quand on en touche bien, ce n'est pas désagréable à entendre.

— Oui, quand on en touche bien. Mais ceux ou celles qui en touchent mal sont les plus acharnés à en jouer. Aussi pas de danger que je l'aie fait apprendre à ma fille. Elle voulait savoir la musique, je lui ai dit : « Apprends le piston, c'est infiniment moins commun que le piano, surtout pour une femme. »

— Mais c'est moins gracieux. Tiens, j'ai le cinq cents à mon tour.

— Si mon fils ne veut pas épouser Mlle de Boissalé, je ne lui donne plus d'argent, et nous verrons comment il vivra!...

— Et ta fille, ta charmante Diana, lui mitonnes-tu aussi un mariage, à celle-là?

— Oh! pour ma fille, je n'ai que des éloges à en faire : elle est douce, modeste, obéissante!... Il n'y a pas de danger qu'elle contrarie jamais son père, ou ne s'empresse pas d'obéir à sa moindre volonté... mais elle n'a que dix-huit ans à peine, elle s'amuse encore comme une enfant, avec une poupée, ou à découper des images. Rien ne presse pour la marier, elle n'a pas la plus petite idée sur l'amour; c'est l'innocence dans sa primeur... En voilà une qui croira facilement que les enfants viennent sous des choux!... Dernièrement, Mme Gatoir n'a-t-elle pas eu l'inconséquence de dire devant elle qu'elle avait fait couper son chat !... Voilà aussitôt Diana qui pousse de grands cris et vient me trouver en me disant: « Papa, je ne veux plus aller chez Mme Gatoir, c'est une trop méchante femme !... elle

tue les chats!... elle a fait couper le sien!... » J'ai eu toutes les peines du
monde à la calmer ; je lui ai fait croire que c'était seulement les ongles de
son chat, ses griffes, que cette dame avait fait couper. Mais, alors, quand
Diana a revu le chat de Mme Gatoir, elle s'est empressée de le caresser, en
lui disant : « Ah! mon pauvre Moumoute, je te croyais mort. » Puis elle
a voulu jouer avec lui, et, le diable de chat l'ayant griffée, elle s'est écriée :
« Ah! Mme Gatoir, votre chat n'a pas été bien coupé!... il lui en reste
encore trop, et je viens de m'en apercevoir. » Tu juges comme tout le
monde a ri! car on a bien vu que la chère enfant disait cela sans malice!...

— Prends donc ta carte... Je te parlais d'un mariage pour ta fille,
parce que j'avais cru... ma femme aussi avait cru remarquer que
M. Marcelin, ce jeune ami de ton fils qui est revenu de Paris depuis six
mois, était fort assidu près de ta fille... Il a tout l'air d'en être amoureux...,
alors, je pensais... Je marque soixante de dames...

— M. Marcelin Nigelle, épouser ma fille ?... Oh! il n'y a pas de
danger!...

— Pourquoi donc n'y a-t-il pas de danger? Ce jeune homme est fort
joli garçon, sa famille est honorable, il a une fortune suffisante ; en quoi
serait-ce un mauvais parti?

— En quoi?... Mais parce qu'il rendrait ma fille malheureuse... j'en
suis sûr; il a été à Paris, il était très ami avec mon fils, il voyait le même
monde que lui; il courait avec lui les bals, les fêtes, courtisait les demoiselles qui font métier de ruiner les jeunes gens, de celles qu'on appelle
aujourd'hui des cocottes.

— Histoire de jeunesse que tout cela! On se corrige tous les jours
de ce joli défaut-là.

— S'il n'avait fait que tout cela, je pourrais peut-être l'excuser ; mais
il y a autre chose que je ne lui pardonne pas, que je ne lui pardonnerai
jamais...

— Prends ta carte alors... Et quelle est donc cette chose épouvantable
que tu ne saurais pardonner à ce pauvre M. Marcelin?

— Il s'est battu, mon cher, il a eu un duel!...

— Eh bien! après?

— Comment, après!... Est-ce que tu approuves cela, toi, le duel?

— Je n'approuve ni ne blâme, cela dépend des circonstances; quand
on y est obligé...

— Jamais, Plantureau, jamais!... Il n'y a pas de circonstances, de
causes, de motifs qui puissent obliger un homme, qui n'est pas militaire,
à se battre contre un autre homme, à chercher à tuer quelqu'un qui se
porte bien, ou à se faire tuer soi-même... Oh! vois-tu, là-dessus, je suis

inexorable! Jamais un duelliste n'entrera dans ma famille... pour qu'il laisse sa femme veuve au moment où on s'y attend le moins. Quand les gens sont malades, on les voit qui s'en vont petit à petit, on s'y attend les perdre, c'est très bien... Mais un jeune homme sort bien portant de chez lui, pour aller tirer l'épée ou le pistolet, et, deux heures après, on vous le rapporte mort ou mourant... et tu trouves cela bien, toi?

— Enfin, quand on a été insulté?

— On se bat avec les armes que nous a données la nature, les pieds et les poings ; il est rare que cela tue.

— Mais ce sont des armes de crocheteurs, cela!

— Qu'est-ce que cela me fait? Alors tous les hommes sont des crocheteurs, puisqu'ils ont tous ces armes-là à leur disposition. Oh! vois-tu, Plantureau, tu ne changeras pas mes idées sur le duel, et je le répète : jamais un duelliste n'entrera dans ma famille. Grâce au ciel, je n'ai pas ce défaut à reprocher à mon fils; je ne crois pas qu'il soit querelleur.

— Et comment sais-tu que ce jeune Marcelin a eu un duel?

— Parce que mon fils lui en a parlé une fois devant moi; et cet imbécile d'Eugène lui en faisait presque compliment... Oh! les jeunes gens!...

— Tiens, je fais le quinze cents... J'ai gagné...

— Ah! voilà ce que c'est... tu m'as parlé de mon fils... cela m'a distrait. Quand on joue, il faut s'occuper de son jeu. Le bésigue est un jeu très bête, comme tu dis, mais qui demande beaucoup d'attention. Ma revanche?

II

FRIQUETTE

Au moment où ces messieurs recommençaient leur partie, une jeune fille entre brusquement dans la pièce où ils jouent. C'est Mlle Friquette. Elle a dix-neuf ans, elle en paraît à peine quinze, parce que sa taille est fort petite, et que son costume moitié paysan, moitié citadin, lui donne encore la tournure, la tenue d'une écolière. Friquette est gentille. Si ses yeux noirs ne sont pas grands, en revanche ils sont remplis de malice. Son visage est rond, ses joues fraîches et colorées, son nez légèrement retroussé; sa bouche est franche et rieuse; elle n'est pas petite, mais elle est bien garnie. Enfin, ajoutons à cela que son front est haut, dégagé, que ses cheveux bruns l'encadrent bien, et l'on conviendra que cette petite fille ne devait faire sauver personne.

Friquette était bien prise, bien faite de corps, mais son gros jupon de bure ne lui permettait guère de laisser voir ses avantages; pourtant ce jupon était assez court pour que l'on vît la naissance d'une jambe très bien tournée, et le commencement d'un mollet qui ne manquait pas à l'appel. Tout cela était terminé par un pied mignon et bien cambré, mais qui était constamment enfoui dans de gros souliers ou dans des sabots.

Car Mlle Friquette était tout simplement la servante, la bonne et la femme de chambre de la jeune Diana. M. Belatout avait pour son service à lui, un garçon de vingt ans qui se nommait Jacquet, et qui était aussi bête que Friquette était futée. Pour compléter sa maison, M. Belatout avait encore une cuisinière : mais celle-là fort âgée, elle avait servi le père de M. Belatout et avait presque élevé celui-ci. Elle était donc dans la maison comme ces vieux meubles dont on ne se sert plus guère, mais que l'on conserve avec soin et que l'on garde jusqu'à ce que le temps les démolisse.

Pour la petite Friquette, c'était différent : tout en ayant l'air de n'être qu'au service de mademoiselle, c'était elle qui dirigeait, qui voyait ce qu'il y avait à faire dans la maison, qui surveillait les autres, qui avait soin que rien ne manquât, et qui souvent même rappelait à son maître ce qu'il avait à faire dans la journée. Et tout cela avec un petit ton soumis sans avoir l'air d'y toucher; ayant toujours la voix douce, insinuante, et vous amenant à faire ce qu'elle voulait, en ayant l'air de ne faire que vous obéir. Mais aussi cette jeune fille possédait ce qui est si rare... ce qui se rencontre si peu dans le monde, ce que la richesse, la plus grande fortune ne saurait donner, ce qui ne s'apprend pas, même en devenant savant; ce que le hasard seul nous donne, ce qui peut se trouver au village aussi bien qu'à la ville; ce qui est prisé, admiré, recherché dans tous les pays; ce qui fait le désespoir des uns, l'envie de tous et quelquefois rend malheureux celui qui en possède; ce qui... et c'est là le plus beau!... ce qui ne vieillit jamais... ce qui brave le temps et, même après notre mort, laisse de nous des souvenirs... en un mot, Friquette avait de l'esprit.

— Tiens, c'est Friquette, la petite bonne de ma fille! dit M. Belatout. Que veux-tu petite, est-ce que tu as quelque chose à me demander?... car il faut que je m'occupe de tout dans la maison!... Ah! si l'œil du maître n'était pas toujours là, rien n'irait, rien ne se ferait! Ma vieille Marianne n'est plus guère bonne qu'à soigner son pot-au-feu! Ma fille est une enfant, mon valet Jacquet est d'une niaiserie dont rien n'approche. Voilà Friquette, elle est assez obéissante, mais il faut que je lui mâche

toute sa besogne... Oh! ma pauvre Ursule! où es-tu? Voyons, Friquette,
qu'y a-t-il?

La petite bonne, qui a souri légèrement aux paroles de son maître,
répond :

— Il n'y a rien, monsieur, que cette lettre que le facteur vient
d'apporter pour vous... Je vous l'ai montée tout de suite, parce qu'il m'a
semblé, en regardant l'adresse, que c'était l'écriture de monsieur votre fils.

— Bah! vraiment... Tu reconnais les écritures, toi?

— Oh! ça n'est pas difficile!

— Oui, en effet, c'est de mon fils; il m'annonce sans doute son retour,
ce mauvais sujet... Tu permets, Plantureau?...

— Va donc, ne te gêne pas... moi, je rêve à ma nouve lle invention.

M. Belatout décachète la lettre de son fils et lit tout haut : « Mon cher
père, j'arriverai chez vous après-demain jeudi... (c'est demain alors);
j'espère trouver toute la maison en bonne santé. Quant à moi, je me porte
comme la porte Saint-Denis... ce n'est pas parce qu'on vient de la gratter
que je vous mets cela. Tuez le veau gras, et faites monter de votre vin de
Corton que j'aime tant, je suis disposé à le fêter... (Il est disposé à bien
boire, c'est heureux). Dites à ma sœur que je lui apporte un foulard nouveau, tout ce qu'il y a de plus beau dans les prix doux! Serrez la main à
mon ami Marcelin... (Oui, le plus souvent)! et donnez des chiquenaudes à
Friquette... (Tu as aussi ton affaire). Ah! rappelez à la vieille Marianne
que j'adore le pain perdu... qu'elle en fasse pour mon arrivée... (Voyez-
vous cela! il commande tout de suite son dîner. Toujours monsieur sans
gêne)!... *Vale et me ama, toto corde*... Eugène. »

— Ah! quel plaisir! M. Eugène arrive demain! s'écrie Friquette en
sautant de joie.

— Ah! il t'amuse, toi, mon fils, parce qu'il met tout en l'air dans la
maison!

— Dame, il rit et chante toujours!... Mais vous êtes bien gai aussi,
vous, notre maître!

— Je suis gai... certainement, quand je suis de bonne humeur...

— Alors, vous allez avoir tout plein de monde à dîner demain,
n'est-ce pas, monsieur, pour fêter le retour de vot' gas?...

— Du monde à dîner! pour fêter le retour de mon fils... qui mange
tout son argent à Paris avec des drôlesses et des bambocheurs de son
espèce!... non, vraiment! je n'en vois pas la nécessité. Ah! si mon fils ne
me donnait que de la satisfaction, à la bonne heure! Mais il n'en est pas
ainsi, et je fêterais son retour? Non. Oh! cette fois, ma résolution est
bien prise.

Et il n'a rapporté qu'un petit lapin mort, qu'il avait trouvé au fond de l'eau. (P. 15.)

— Ah! ce que j'en disais... c'est bien comme monsieur voudra, après tout. Quand on n'invite personne, on boit son bon vin tout seul... v'là tout...

— Oh! tout seul... le bon vin a besoin d'être apprécié par des connaisseurs. Plantureau, as-tu bu de mon vin de Corton...

— Hein? comment?... de quoi? Pardon... j'étais sur mon invention.

— Je te demande si tu as bu de mon vin de Corton?

— Non... je ne crois pas... je ne me le rappelle pas...

— Eh bien! viens dîner demain, et je t'en ferai boire.

— Volontiers... très volontiers. Avec ma femme?

— Naturellement...

— Ah! un homme qui se connaît en vins, dit Friquette, c'est M. Potard, l'ancien greffier...

— Comment sais-tu cela, Friquette?

— Parce que je vous l'ai souvent entendu dire, not' maître...

— Oui, c'est vrai, Potard est amateur et connaisseur... Je lui ferai dire de venir dîner avec nous demain... je tiens à avoir son avis.

— Par exemple, reprend Friquette, il y a M. Boulinot et sa femme; ces gens-là, à les écouter, il n'y a qu'eux qui ont les meilleures choses, la meilleure cave du pays...

— Ils disent cela, mais ce n'est pas vrai; je veux les enfoncer demain. Je les inviterai; tu monteras de mon vieux chambertin... et de mon champagne Rosey : ils n'en ont pas comme celui-là à m'offrir.

— Oh! votre champagne Rosey!... ce vin que Mme Fleurinard aime tant?... Elle dit qu'elle ferait des folies pour du champagne Rosey!

— C'est vrai... cette aimable veuve... de son troisième mari... Elle chante quand elle a bu du champagne!... J'irai l'engager, elle nous fera rire...

— Il y a aussi la famille Triffouille... à qui monsieur doit rendre un dîner...

— Les Triffouille... ah! c'est vrai... j'ai dîné chez eux au baptême de leur petit dernier... C'est qu'ils sont quatre... le père, la mère et deux demoiselles...

— Les demoiselles sont très amies avec Mlle Diana.

— Elles sont amies de ma fille?... Oui, au fait, autant les avoir demain qu'un autre jour, ce sera un dîner de rendu.

— Pendant que monsieur est en train, il invitera sans doute l'ami de son fils, M. Marcelin?

— M. Marcelin? Pourquoi faire? Je ne tiens pas du tout à faire ce plaisir à mon fils...

— Je disais cela... parce que M. Marcelin a une bien jolie voix, qu'il sait chanter des romances, et, après le dîner... ça amuse.

— Il pourra venir nous voir le soir, je ne l'en empêche pas!

— C'est juste... il pourra venir le soir... Ah! seulement, je ferai remarquer à monsieur qu'on sera treize à table, et il y a bien des personnes à qui ça coupe l'appétit!

— Treize à table... tu crois?

— Comptez, monsieur.

— Voyons donc : toi, Plantureau, avec ta femme...

— Sans ma femme, si tu veux?

— Par exemple ! ce serait lui faire une impolitesse, et j'en suis inca-
pable. Ensuite Potard, les Boulinot, la veuve Fleurinard, la famille
Triffouille quatre, ça fait dix ; moi, ma fille et mon fils... C'est pardieu
vrai, nous serions treize?

— Alors il y a toujours un des treizièmes qui meurt le premier,
n'est-ce pas, not'maître.

— Tu veux dire qui meurt dans l'année. Ce sont les esprits faibles
qui croient cela... mais c'est égal... j'inviterai Marcelin comme quatorzième; après tout, cela ne tire pas à conséquence pour l'avenir. Ainsi,
Friquette, tu m'as bien entendu, tu diras à Marianne que pour demain,
il me faut un dîner pour quatorze personnes. Qu'elle s'arrange en conséquence... Tu l'aideras, tu lui donneras un coup de main. Je dirai à
Jacquet d'aller à la pêche et de nous avoir des truites.

— Oh! monsieur, si vous comptez sur Jacquet pour avoir du
poisson... vous pourrez bien vous en passer. L'autre fois il a été plus de
six heures à la pêche et il n'a rapporté qu'un petit lapin mort, qu'il avait
trouvé au fond de l'eau...

— En effet, je me rappelle qu'il était tout fier d'avoir pêché un
lapin.

— C'est M. Marcelin qui est un adroit pêcheur... il vous a souvent
donné des truites, lui.

— Ah! je l'avais oublié.... Eh bien! si tu le vois par hasard, engage-
le à pêcher un peu demain....

— Oui, monsieur, oh! je le verrai certainement tantôt... par
hasard... Il passe très souvent devant chez nous et en même temps je lui
dirai aussi que vous l'attendez à dîner demain, n'est-ce pas, not' maître?

— Cela va sans dire. Allez, Friquette, que mes ordres soient exac-
tement suivis et surtout qu'on ne s'en écarte pas!

— Oh! monsieur peut être tranquille, il sait bien qu'on ne lui
désobéit jamais!

Friquette est partie, et M. Belatout, se tournant vers son ami
Plantureau, s'écrie d'un air imposant :

— Vois-tu, Plantureau, voilà ce qui s'appelle être maître chez soi, et
y faire respecter ses volontés.

III

MADEMOISELLE DIANA

En quittant son maître, la petite Friquette s'est empressée de se rendre près de sa jeune maîtresse ; celle-ci était dans sa chambre occupée à parfiler des morceaux de soie.

Mˡˡᵉ Diana touche à ses dix-huit ans. C'est une blonde aux yeux bleus et langoureux ; en ce moment ils ne sont encore que timides, mais ces yeux-là deviennent toujours langoureux quand le cœur commence à battre pour quelqu'un, et déjà même les doux yeux de cette jeune personne devenaient plus tendres, lorsque l'ami de son frère, M. Marcelin, était près d'elle. Diana avait une jolie taille au-dessus de la moyenne. Elle était très bien faite, svelte, élancée, encore un peu maigre, mais, si elle avait été grasse à dix-huit ans, voyez-vous d'ici quelle boule cela aurait fait à trente ! Il faut que chaque chose arrive en son temps, et l'embonpoint vient presque toujours trop tôt.

Diana, qui aimait beaucoup la musique, aurait désiré apprendre à toucher du piano, mais M. Belatout exécrait cet instrument ; il faut dire aussi que, depuis qu'il avait l'âge d'aller dans le monde, il avait entendu jouer de cet instrument dans toutes les maisons où il se rendait ; dans les sociétés qu'il fréquentait, toutes les demoiselles savaient le piano, et, le soir, dans chaque réunion, c'était à qui montrerait son talent, ferait parade de ses progrès, ou exécuterait le dernier morceau venu de Paris. Il en était résulté chez Belatout une profonde aversion pour cet instrument, et, avant d'aller en soirée, il se bouchait hermétiquement les oreilles avec du coton. Mais ceci avait un autre inconvénient : s'il entendait moins le piano, il n'entendait presque plus quand on lui parlait. Alors chacun s'était dit : « Quel malheur pour ce jeune Belatout, il devient sourd comme un pot ! » Belatout avait entendu cela ; car, on a beau se boucher les oreilles, les méchancetés que l'on dit sur nous sont toujours ce que nous entendons le plus facilement. Il avait renoncé au coton. Enfin il avait épousé une demoiselle qui était passablement laide, mais il s'était bien assuré auparavant qu'elle ne jouait pas de cet instrument qui avait si souvent fait son supplice.

Moi, je trouve que Belatout était excusable ; en général, il en est du piano comme de la vertu et du pâté d'anguille : *Pas trop n'en faut.*

M. Belatout avait donc nettement refusé sa fille lorsqu'elle lui avait demandé un maître de piano. Mais, pour la consoler, il lui avait dit :

— Puisque tu tiens tant à savoir la musique, à jouer d'un instrument quelconque, apprends le piston. C'est gentil, c'est distingué, ça s'entend de loin ; et puis, on ne peut pas en jouer toute la journée, ce qui est encore un avantage.

Diana avait timidement répondu :

— Je croyais, mon père, que le piston était un instrument pour les hommes seulement ?

— Ma chère amie, avait répondu le papa, j'avoue qu'en général j'ai toujours vu le piston entre les mains d'un homme. Mais il n'est pas défendu aux femmes de s'y adonner. Tu feras ce que les autres ne font pas, cela n'en sera que plus distingué. J'ai vu des dames jouer du violon, de la flûte, donner du cor même, et obtenir de très grands succès sur chacun de ces instruments. Je ne vois pas pourquoi elles se priveraient du piston.

Vous savez maintenant pourquoi la douce et timide Diana joue du piston comme un musicien de régiment. Mais, n'ayant pas de vocation pour cet intrument, elle n'y est pas d'une grande force, et tout son talent se borne à trois ou quatre airs qui composent son répertoire. M. Belatout trouve que c'est bien assez.

La petite Friquette aime beaucoup sa jeune maîtresse et cherche sans cesse le moyen de lui être agréable ; elle a remarqué le peu de plaisir que celle-ci éprouve à emboucher son piston ; mais, comme elle remarque tout, elle a bien vu aussi que Diana avait l'air heureux et parlait plus souvent lorsque M. Marcelin venait chez son père ; puis, qu'elle rougissait et souriait quand ce jeune homme venait causer avec elle ; tandis qu'elle faisait la moue, ou répondait à peine lorsqu'un autre monsieur cherchait à lui dire des choses aimables, de ces petites phrases galantes avec lesquelles les hommes tâchent de se faire bien accueillir des demoiselles. Friquette avait bien deviné ce que tout cela signifiait, et, en fille d'esprit, elle s'était dit : « M. Marcelin est bien content lorsqu'il vient dans la journée ou la soirée et que monsieur n'y est pas. Car alors il trouve mademoiselle seule au salon et peut tout à son aise causer avec elle ; de son côté, mademoiselle n'est pas fâchée quand elle reçoit cette visite-là. Il me semble qu'il y a un moyen bien simple pour faire savoir à M. Marcelin quand not'maître est sorti : c'est de dire à M¹¹ᵉ Diana de jouer du piston... ça s'entend dans la rue, le piston, et, pour plus de sûreté, je conviendrai avec M. Marcelin de l'air qu'on jouera quand M. Belatout n'y sera pas ; comme ça, il n'y aura pas à se tromper. Mam'zelle donnera elle-même le signal, je lui dirai quel est l'air que je trouve qu'elle joue le mieux, en la priant de me le faire entendre ; je me garderai bien de lui apprendre que c'est pour faire venir M. Marcelin ! Elle serait capable de ne plus oser souffler dans son piston... mais avec les gens timides il faut avoir de la malice pour deux. »

Et voilà comment, en obligeant sa fille à apprendre le piston au lieu du piano, M. Belatout lui avait procuré le moyen de correspondre avec un amoureux. *La Fontaine* a bien raison : on ne s'avise jamais de tout.

Friquette arrive toute joyeuse près de sa jeune maîtresse, en s'écriant :

— Mademoiselle, réjouissez-vous !... Monsieur votre frère sera ici demain. Il l'a écrit à monsieur votre père, qui a lu la lettre tout de suite... et a interrompu pour cela la partie de bésigue qu'il faisait.

— En vérité ! mon frère arrive demain ?... Tu en es bien sûre, Friquette ?

— Puisque je vous dis que monsieur a lu la lettre tout haut devant moi et ce grand serin de M. Plantureau... Vous savez, l'inventeur !... celui qui trouve toujours des inventions nouvelles qui doivent le rendre millionnaire, et avec lesquelles sa femme dit qu'il la mettra sur la paille.

— Ah ! que je suis contente de voir Eugène !... Mais restera-t-il avec nous, cette fois ?

— Ah ! dame, il ne parle pas de cela dans sa lettre. Moi, je crois que M. Eugène aime mieux Paris que Bar-le-Duc, malgré nos truites et nos confitures... Mais c'est pas tout, mam'zelle... Demain, vous aurez beaucoup de monde à dîner pour fêter l'arrivée de monsieur votre frère... On sera quatorze.

— Quatorze !... Et sais-tu qui mon père a invité à ce dîner ?

— Je crois bien que je le sais !... Il ne voulait d'abord avoir personne... Ça n'aurait pas été gai ni gentil pour votre frère... Mais, moi, je voulais qu'on eût du monde... Je pensais que cela vous ferait plaisir...

— Oh ! oui... Et sais-tu... mon père a-t-il invité l'ami de mon frère, M. Marcelin ?

— Il n'y pensait pas... mais je m'étais arrangée de façon que sans lui on était treize... Alors il a dit : Faut l'inviter.

— Ah ! Friquette, que tu es adroite !... Tu viens toujours à bout de faire tout ce que tu veux... Ce pauvre jeune homme, l'ami intime de mon frère ; Eugène aurait été très contrarié qu'il ne fût pas du dîner.

— Certainement, mam'zelle ; mais je m'étais dit : Faut qu'il en soit ! Et il en sera !

En ce moment, la conversation des deux jeunes filles est interrompue par l'arrivée de Jacquet, le domestique de M. Belatout, grand dadais de vingt ans, qui n'ose pas regarder une femme en face, et devient pourpre quand une jeune fille lui adresse la parole. Jacquet est grand, bien bâti, ce pourrait être un gaillard, mais ce n'est qu'une buse et ses yeux bleu faïence, à fleur de tête, ont presque toujours l'air de chercher dans les nuages s'ils n'apercevront pas un ballon.

— Pardon, mam'zelle Diana, si j'entre dans votre chambre sans que vous m'ayez sonné, dit Jacquet; mais ce n'est pas pour vous que je viens, c'est Friquette que je cherche, c'est à elle qu'il faut que je parle tout de suite.

— Eh bien! parle. Qu'as-tu à me dire de si pressé pour venir me chercher chez ma maîtresse?... Réponds donc, grand benêt!

— D'abord, Friquette, je vous prie de ne pas m'appeler toujours benêt au lieu de Jacquet... Je n'aime pas qu'on écorche mon nom!

— Oh! voyez donc le grand malheur! Sois tranquille, on ne t'écorchera pas.

— Moi, je vous appelle Friquette, et je ne vous appelle pas Blanquette.

— Appelle-moi comme tu voudras, je ne m'en fâcherai pas! Mais dis donc ce que tu veux, enfin?

— Voilà. Mon maître m'a dit: « Tu vas aller avertir Friquette qu'il n'est plus nécessaire qu'elle invite M. Marcelin pour faire un quatorzième à table. J'avais oublié M. Grandbec, charmant garçon que j'estime beaucoup, c'est lui qui sera le quatorzième. Je le préfère infiniment à M. Marcelin. Va donc prévenir Friquette. »

La petite servante fronce le sourcil, regarde sa jeune maîtresse qui fait la moue, puis répond à Jacquet:

— Ah! not' maître t'a dit cela?...

— Oui, il est très content d'avoir son quatorzième avec M. Grandbec... Moi, je lui ai dit: « Monsieur, si vous aviez besoin de quelqu'un, j'aurais fait volontiers votre quatorzième. » Il s'est mis à rire, et il est parti pour aller faire ses invitations.

— Il est parti?... Tu es sûr que monsieur est sorti?

— Certainement, avec son ami Plantureau, qui s'est laissé tomber dans la cour en disant: « Je vais inventer quelque chose qui remplacera les cannes. »

Mais Friquette n'écoute plus Jacquet; elle va dire à l'oreille de Diana:

— Mam'zelle, je vous en prie, prenez votre piston et jouez-moi l'air: *Je pars demain, il faut quitter Marie.*

— Toujours cet air-là?

— Oh! oui, mam'zelle, vous le jouez si bien!... et puis je l'aime tant, et M. Marcelin en est toqué.

Diana fait ce que sa bonne lui demande; peut-être bien sans avoir l'air de savoir que c'est un signal, la timide jeune fille a-t-elle remarqué que l'ami de son frère arrivait toujours pendant qu'elle le répétait. La demoiselle la plus innocente a toujours de la malice dans certaines occasions.

Quant à Jacquet, à peine a-t-il entendu les premières mesures de la romance, qu'il se dirige vers la porte en murmurant :

— Je crois bien que notre jeune maîtresse ne sait jouer que cet air-là.

Mais Friquette court à lui et l'arrête, en lui disant :

— Où vas-tu?

— A la pêche. Not' maître m'a dit : « Comme on ne priera pas M. Marcelin de pêcher, c'est toi qui iras, et tu me rapporteras des truites et pas de lapin. » Il est bon là, not' maître, qui croit qu'on pêche toujours des lapins! Mais c'est bien plus rare que le poisson.

— Et tu t'en allais sans savoir la réponse à ce que l'on t'a chargé de me dire?

— La réponse... Il y a donc une réponse?

— Assurément; dès que tu verras M. Belatout, tu lui diras : « Monsieur, il n'était plus temps, Friquette avait déjà vu M. Marcelin et l'avait invité pour le dîner de demain. Vous aurez deux quatorzièmes, voilà tout. »

— Alors, on sera vingt-huit?

— On sera ce qu'on sera, ça ne te regarde pas.

— Et faut-il toujours que j'aille à la pêche?

— Oh! tu peux y aller! le poisson que tu prendras n'étranglera personne.

Jacquet est parti. Diana s'écrie :

— Tu as dit, Friquette, que tu avais déjà invité M. Marcelin. Mais ce n'est pas vrai, tu ne l'as pas encore vu?

— Mais, comme nous allons le voir bientôt, c'est la même chose, et je lui ferai l'invitation. Est-ce que vous auriez préféré, mam'zelle, n'avoir près de vous à table que ce M. Grandbec!...

— Oh! non, Friquette, je ne l'aime pas du tout, ce jeune homme-là... il a l'air si grave, si sérieux... je ne l'ai jamais vu rire!... Il vous regarde en dessous, il a une voix mielleuse... il parle lentement. On croirait qu'il a peur de dire un mot de trop!...

— Alors, je crois que vous ne seriez pas contente si on vous le donnait pour mari.

— Pour mari? Ah! que dis-tu là, Friquette!... Tu me fais peur. Oh! non certainement, je ne voudrais pas épouser M. Jules Grandbec! Mais, pourquoi as-tu de ces vilaines idées-là?

— Dame, mam'zelle, c'est que, sans en avoir l'air, je remarque tout

Bonjour, monsieur; vraiment, vous trouvez que je fais des progrès ? (P. 23.)

ce qui se passe... et j'entends tout ce qui se dit; on a des yeux et des oreilles, c'est pour s'en servir. J'entends souvent monsieur votre père faire l'éloge de M. Grandbec et dire : Voilà un jeune homme sage, rangé, économe; mon fils Eugène aurait dû le prendre pour modèle... il ne joue qu'au loto à un sou le carton, il ne se donne jamais ce que les messieurs appellent « une petite pointe! » il n'a pas d'intrigues galantes, il ne s'est jamais battu!... Il a de la fortune, il sera un jour notaire; c'est un mari comme cela qu'il faudra que je trouve pour ma fille. »

— Ah! mon Dieu! mon père a dit cela?

— Oui, mam'zelle; et en disant : « Il faudra que j'en trouve un comme celui-là. » M. Belatout souriait, se frottait les mains, ce qui voulait dire : Le voilà tout trouvé!

— Tu me fais frémir! ce serait affreux, cela!... Et M. Marcelin ne vient pas!

— Jouez donc du piston, mam'zelle, jouez donc du piston.

Diana vient de recommencer son air, mais elle n'est pas à la moitié, qu'un jeune homme entre précipitamment, en s'écriant :

— Ah! mademoiselle, comme vous en jouez bien! vous faites tous les jours des progrès.

C'est celui que l'on attendait : Marcelin Nigelle, jeune homme fort gentil, fort bien tourné, gai, vif, pétulant, mais au fond sensible et bon. Il est étudiant en médecine, ou plutôt jeune médecin, car il a été reçu docteur, et, s'il n'exerce pas, c'est que, n'ayant que vingt-six ans, il veut étudier encore, afin d'être plus certain de bien soigner ses semblables. Enfin, il veut devenir plus savant en théorie avant de s'exercer à la pratique. Ceci était de la modestie, mais, comme on est rarement disposé à croire à la modestie des autres, on disait : « C'est un jeune homme qui ne veut rien faire que s'amuser. » C'est presque toujours ainsi que le monde juge.

Diana, qui est devenue très rouge en voyant entrer M. Marcelin, s'empresse de se débarrasser de son instrument, et balbutie :

— Bonjour, monsieur; vraiment vous trouvez que je fais des progrès? Cependant, je ne l'aime pas beaucoup, mon piston...

— Vous avez tort, mademoiselle; moi, j'en suis fou... surtout quand vous en jouez!...

— Ce n'est pas du piston qu'il s'agit en ce moment, s'écrie Friquette. Mam'zelle, dites donc à monsieur que votre frère arrive demain, que M. Belatout donne un grand dîner pour fêter le retour de son fils, et que monsieur est invité au dîner.

— Il serait possible!... Eugène revient demain à Paris?...

— Oui, monsieur, mon frère vient d'écrire à mon père pour lui annoncer son retour. Ah! je suis bien contente!...

— Moi, j'en suis enchanté. Et cette invitation de monsieur votre père, lui qui me témoigne si peu d'amitié!... Il est donc revenu de ses préventions contre moi!... Oh! quel bonheur!... Je vais profiter de ses heureuses dispositions à mon égard... j'ai quelque chose à lui demander... quelque chose d'où dépend toute ma félicité... Il me traitait si froidement que je n'osais pas... Mais il m'invite à dîner, alors cela me donne de l'espoir!...

— Ne vous flattez pas si vite, monsieur, dit Friquette, cette invitation n'est pas venue d'elle-même à M. Belatout; il a fallu que je travaille pas mal pour vous la faire obtenir... et après qu'on m'avait chargée de vous prévenir, ne voilà-t-il pas que monsieur se ravise, et qu'il me fait dire par Jacquet que ce n'est plus vous, que c'est M. Grandbec qui sera son quatorzième... n'est-il pas vrai, mam'zelle?

— Oui, mon père avait changé d'avis.

— Eh bien! enfin, suis-je invité ou non? car je ne sais plus à quoi m'en tenir, moi.

— Oui, oui, vous êtes invité, car j'ai dit à Jacquet de répondre à son maître que je vous avais déjà fait l'invitation, et qu'il n'était plus temps de se dédire...

— Ah! Friquette, que tu es gentille!... que tu as d'esprit!

— Mais j'ai dit aussi que je vous prierais d'aller pêcher et de tâcher de nous avoir des truites pour demain; ça vous fera mieux accueillir.

— Oh! j'en aurai, sois tranquille, j'en apporterai, je vais tout de suite aller pêcher... car je veux que M. Belatout soit de bonne humeur... Je cours chercher une ligne... il ne faut pas que je perde de temps, n'est-ce pas, mademoiselle?

Mais Diana arrête avec un petit signe de tête le jeune homme prêt à partir, et lui dit en baissant les yeux :

— Monsieur Marcelin, qu'est-ce que vous voulez donc demander à mon père qui peut faire votre félicité?

Marcelin prend la main de Diana, la presse tendrement dans la sienne, en murmurant :

— Vous ne devinez pas ce que j'ai à lui demander... ce qui peut faire mon bonheur?

— Mais... non, je ne sais rien deviner!

— Ah! je gage bien que j'ai deviné, moi, dit Friquette, tout en ayant l'air de ne pas écouter.

— Mademoiselle, si je n'ai pas encore osé vous le dire, je pensais que

mes yeux avaient parlé pour moi ; j'espérais que vous les auriez compris...
que vous saviez combien je vous aime... Enfin je me flattais même que
mon amour ne vous déplaisait pas... Je me suis donc trompé ?

— Oh ! je ne dis pas cela, monsieur !

— Alors, vous me permettez de demander votre main à monsieur
votre père ?... Cela ne vous fera pas de peine s'il consent à ce que je sois
son gendre ?

— Oh ! bien au contraire !... je veux dire... Mon Dieu... je suis toute
honteuse...

— Chère Diana ! Ah ! vous me rendez bien heureux... Ne rétractez
pas ce doux aveu, ne craignez pas de me laisser lire dans votre cœur...

— Mais, allez donc pêcher, monsieur, allez donc pêcher ! s'écrie Friquette. Si vous voulez que monsieur vous accueille bien, apportez-lui des
truites... Mam'zelle sera contente d'être votre femme, vous le savez bien...
mais, pour qu'on vous la donne, il faut plaire à monsieur.

— Oui, oui, elle a raison, Friquette, je vais pêcher... Oh ! j'en aurai
des truites, quand je devrais aller les chercher au fond de l'eau !...

— Oh ! mais non, monsieur Marcelin, il ne faut pas vous jeter à
l'eau... Je ne veux pas...

— Soyez tranquille, chère Diana, l'amour me protégera... Je cours
pêcher... A demain... non, à tantôt ; je rapporterai le résultat de ma pêche...

Et, dans sa joie, le jeune homme prend la main de Diana, la baise à
plusieurs reprises et, en s'éloignant, embrasse Friquette, qui se met à rire
en disant :

— Il s'est trompé... il a cru que j'étais vous... Est-il vif, est-il
vif, est-il pétulant, vot'amoureux mam'zelle !... Vous qui êtes si timide,
si craintive !... C'est égal, vous ferez très bien ensemble, parce que l'eau
et le feu ça se marie aussi bien que l'eau et le vin.

IV

RETOUR DE L'ENFANT PRODIGUE

M. Belatout a passé toute sa journée à faire ses invitations pour le
grand repas qu'il donne le lendemain ; il ne rentre chez lui qu'à l'heure
du dîner. Mais son premier soin est d'appeler Jacquet et de lui demander
s'il a dit à Friquette ce qu'il a décidé. Jacquet s'empresse de rapporter à
son maître ce que la jeune servante lui a répondu : Qu'il était trop tard et
que M. Marcelin était déjà invité.

— Trop tard ; s'écrie Belatout, trop tard ! et Friquette venait à peine

de me quitter quand je t'ai envoyé lui donner cet ordre. Tu n'y as donc
pas été tout de suite, imbécile?

— Si fait, monsieur; je n'ai même pas pris le temps de me moucher.

— Va me chercher Friquette, qu'elle vienne me parler à l'instant
même... Tout de suite, tu entends?

— Oui, monsieur, si elle ne voulait pas venir, je l'apporterais plutôt.

Friquette se rend aux ordres de son maître; mais, comme elle devine
ce qu'il va lui dire, elle a soin de prendre à la cuisine quelque chose qu'elle
tient couvert par son tablier. Avec cela, elle se présente hardiment à
M. Belatout, qui lui dit d'un ton fort sec :

— Qu'est-ce à dire, Friquette, et d'où vient que vous n'obéissez plus
à mes ordres maintenant?

— Moi, monsieur? Oh! par exemple! Est-ce que je vous ai jamais
désobéi?

— Je vous ai fait dire par Jacquet qu'il était inutile d'inviter M. Marcelin, que j'avais mon quatorzième; et je ne comprends même pas
comment j'avais pu l'oublier, cet estimable M. Grandbec! Et vous répondez
à Jacquet qu'il n'est plus temps, que M. Marcelin est déjà invité; vous
veniez à peine de me quitter? Comment pouviez-vous déjà avoir parlé à
M. Marcelin?

— C'est bien simple, not'maître. En vous quittant, j'ai vu ce jeune
homme qui passait dans la rue... Alors j'ai couru à lui, et je lui ai dit :
« M. Belatout vous prie de venir dîner chez lui demain : son fils, votre
ami, sera revenu... »

— Vous vous êtes bien pressée pour faire cette commission.

— Je me presse toujours pour faire ce que vous m'ordonnez, not'
maître. M. Marcelin a accepté avec joie... Oh! il était bien content!

— C'est possible; mais, moi, j'aurais été bien plus content de ne
point l'avoir... C'est un ami de mon fils, oui, mais qui, à Paris, n'a pu lui
donner que de mauvais conseils et de mauvais exemples.

— Ah! voilà six mois au moins que M. Marcelin est revenu à Bar-
le-Duc, lui, et M. Eugène reste à Paris... il ne peut plus le conseiller!...
Tout le monde, ici, dit du bien du jeune docteur Marcelin.

— Docteur! beau docteur, qui ne soigne personne! Voyons, con-
nais-tu quelqu'un qu'il ait guéri, toi?

— Dame!... non, monsieur; mais aussi je ne connais personne qu'il
ait tué.

— Oh! cela arrivera, car non seulement il s'est fait médecin, mais
encore il est duelliste!

— Ah! il est aussi fameux pêcheur. Tenez, regardez plutôt, monsieur.

En disant cela, Friquette découvre ce qu'elle tenait sous son tablier et montre à son maître plusieurs truites encore vivantes, et d'une belle grosseur.

— Qu'est-ce que cela?...

— Pardi, monsieur doit bien voir que ce sont des truites... et de la plus belle espèce encore!...

— Ah! oui... oui, ce sont de superbes truites... C'est Jacquet qui a pêché cela?

— Jacquet!... ah! le plus souvent! Savez-vous ce qu'il a rapporté de sa pêche aujourd'hui?... un chat mort!... un pauvre petit chat qu'on avait sans doute jeté à l'eau...

— Comment, il pêche des chats, à présent?

— Offrez donc cela à vos convives... avec une sauce à la genevoise, comme Marianne les fait si bien!... C'est M. Marcelin que j'avais prié de pêcher pour nous et qui vient de m'apporter cela, il n'y a qu'un instant...

— Ah! c'est M. Marcelin...

— En v'là-t-il une superbe, not'maître?... ça vous fera un fameux plat pour demain!...

— Oui, je conviens que ces truites feront bien sur ma table...

— Vous n'êtes plus fâché d'avoir invité M. Marcelin, hein?...

— Il est certain que la sauce fera passer... Non, cette fois, c'est le poisson qui fera passer le reste. Friquette, dis bien à Marianne que je veux qu'elle se surpasse demain; il nous faut un excellent dîner.

— Oui, monsieur, soyez tranquille; il faut que tout réponde aux truites!... Ah! le beau poisson!

Et la petite servante court dire à l'oreille de sa jeune maîtresse:

— Vot'papa n'est plus fâché d'avoir demain à son dîner M. Marcelin; les truites ont fait leur effet, M. Belatout les adore; je savais bien que ça le remettrait en bonne humeur!...

— Alors, tu crois, Friquette, que mon père accueillera bien M. Marcelin et qu'il consentira à ce que je sois sa femme?

— Oh! mam'zelle!... ça, c'est une autre affaire! c'est autre chose qu'une invitation à dîner... Faudra que nous trouvions un fameux poisson pour l'amener à donner son consentement.

Le lendemain, sur les onze heures du matin, un jeune homme, suivi d'un commissionnaire porteur d'un sac de nuit et d'une valise assez légère, entre dans la maison de M. Belatout, paye son commissionnaire, le renvoie, puis s'arrête devant le perron et se met à crier:

— Me voilà, c'est moi!... Ohé! la maison! est-ce qu'il n'y a personne ici? Comment! on ne tire pas quelques coups de fusil pour me recevoir!...

On ne me présente pas de bouquets, on ne chante pas un chœur?..
Mais déjà Friquette accourt, elle est bientôt suivie de Diana, puis enfin
M. Belatout paraît sur le haut du perron, où il se penche en disant :

— Comment, c'est toi qui fais ce train-là?... Tu es donc toujours aussi
tapageur.., aussi gamin qu'autrefois !

— Oui, cher papa, c'est vrai, je ne suis pas changé; toujours aussi
gai, aussi aimable, aussi joli garçon... Toujours ce fils dont vous devez
être si fier... Embrassons-nous !...

Et Eugène, qui a débité tout cela en riant, car il sait bien qu'il n'est
pas joli garçon et n'a pas la moindre prétention à l'être, ce qui ne l'empêche
pas de plaire, parce qu'il a une figure aimable, spirituelle, et qu'il est toujours disposé à rire, Eugène embrasse son père, sa sœur, donne une petite
tape sur la joue fraîche de Friquette et va entrer dans la maison, lorsqu'on
entend une légère détonation, suivie d'un cri, d'une lamentation.

— Qu'est-ce que ce bruit? demande M. Belatout.

— Si on a tiré cela en mon honneur, dit Eugène, c'est peu de chose,
mais je suis très satisfait.

— Je reconnais la voix de Jacquet, dit Friquette.

On voit en effet arriver Jacquet, qui gémit et se tient la tête ; il a un
œil tout noir et la figure barbouillée de poudre.

— Tiens, c'est ce nigaud de Jacquet ! dit Eugène. Que t'est-il donc
arrivé, mon garçon ? Est-ce que tu t'es fait artificier?

— Monsieur Eugène, c'est en l'honneur de votre retour que j'ai voulu
tirer des pétards ; mais, au premier, vous voyez ce qui m'est arrivé...

— Oui, aussi je te dispense de tous les autres. C'est égal, l'intention
y était. Jacquet, je te récompenserai plus tard... Mais je meurs de faim.

— Allons, viens déjeuner, mauvais sujet.

M. Belatout, malgré l'air digne qu'il veut se donner, n'est pas moins
content de revoir son fils, qui depuis deux ans n'était pas revenu à Bar-le-
Duc. Il le contemple avec une certaine fierté et lui dit :

— Il me semble que tu es grandi.

— Et embelli, n'est-ce pas, papa ?

— Oh! embelli... tu n'as pas changé de figure. Enfin, tu te portes
bien... et je vois que tu as bon appétit.

— Oh! superbe! Je suis une des plus belles fourchettes de Paris !

— Ah! tu es une fourchette?

— Je tortille une douzaine d'huîtres en un clin d'œil!

— Tu tortilles les huîtres? Ici, nous les avalons sans les tortiller...

— Mais vous me laissez manger seul... vous avez donc déjà déjeuné,
vous autres ?

Comment, c'est toi qui fais ce train-là? (P. 28.)

— Toujours à dix heures, c'est réglé comme une pendule!

— Ma petite sœur est grandie... formée... c'est une femme à présent... Cher père, il faudra lui donner bientôt un mari.

— Sois tranquille!... je n'oublierai pas cela...

— Si vous voulez, moi, je vais tout de suite vous en indiquer un... qui sera charmé...

LIV. 187. — PAUL DE KOCK. — ÉD. J. ROUFF ET Cⁱᵉ.   LIV. 187

— Non, non, merci ! un gendre de la main m'inspirerait peu de confiance.

— Ah ! comme vous êtes raide à mon égard !...

— Je saurai bien moi-même m'occuper de ma fille et de toi, car il faudra te marier bientôt ; cela te rendra l'esprit plus raisonnable.

— Vous croyez ? moi, je n'en suis pas bien persuadé ! Cependant, si vous m'offriez une *Vénus*, une *Galatée* ou même une *Hébé !*...

— C'est bien... nous parlerons de cela plus tard !...

— Mon frère, il ne faut pas trop manger à ton déjeuner, parce que nous avons aujourd'hui un grand dîner, et je veux que tu y fasses honneur.

— Sois tranquille, petite sœur, ton frère a de superbes capacités ! Jamais un bon déjeuner ne m'a empêché de bien dîner ; au contraire, ça me met en appétit.

— Monsieur mangera des truites pêchées par son ami Marcelin, dit Friquette tout en servant son jeune maître.

— Ah ! ce cher Marcelin ! Je serai charmé de le revoir ! Il va bien ?

— Oui, mon frère, tu le verras à dîner ; mon père l'a invité pour fêter ton retour.

— Ah ! c'est bien cela, cher père, d'avoir invité mon ami !

— Oh ! je l'ai invité parce que... c'est-à-dire... Enfin, oui, je l'ai invité...

— Et il exerce la médecine ici. A-t-il une belle clientèle ? A-t-il déjà tué beaucoup de monde... non... je veux dire sauvé ?

— Ton cher ami ne fait rien du tout que se promener... monter à cheval... s'amuser...

— Ah ! écoutez donc, il a assez de fortune pour ne rien faire... il exercera plus tard !

— Ah ! tu approuves cela, toi, qu'on ne songe qu'à ses plaisirs !... Moi, je trouve que, dans toutes les positions, un homme doit travailler, doit chercher à se rendre utile à son pays...

— Papa, c'est superbe, ce que vous dites-là, mais avant de corriger les hommes, il faut les laisser jeter leur gourme... la sagesse ne s'inocule pas comme la petite vérole, et c'est bien heureux ; car à chaque instant on serait obligé de se faire revacciner. Vous, cher père, vous avez cependant eu mon âge. Est-ce que vous n'avez jamais fait de folies ?

— Ma foi, non !...

— C'est que l'occasion vous a manqué... Mais si elle se présentait... prenez garde !...

— Oh ! il n'y a pas de danger !... Je suis un homme solide dans mes principes !... Je défierais toutes les occasions !...

— Mais c'est fini, j'ai déjeuné. Maintenant, je vais aller changer de toilette, me faire beau et faire un tour dans la ville pour revoir mes connaissances...

— C'est cela, fais-toi beau, très beau; car ce soir nous aurons beaucoup de monde et je veux que tu me fasses honneur.

Eugène s'est levé, il va prendre son père sous le bras et l'emmène dans une pièce voisine en lui disant :

— Mais vous comprenez... ô mon auteur !...

— Comment, ton auteur? De qui parles-tu?

— Je veux dire : cher père, c'est la même chose ! Vous comprenez que, pour ma toilette, j'ai besoin d'une foule de petites choses... par exemple, il me faut une brosse à dents... Je n'ai plus le sou, voici le moment de m'ouvrir votre bourse... Allons, faites bien les choses... Soyez généreux !... lâchez-moi le billet de mille francs !

— Comment, tu veux mille francs pour t'acheter une brosse à dents?

— Oh ! j'achèterai encore d'autres brosses... Enfin, je suis à sec; je vais aller dans le monde... il faut que votre fils tienne son rang...

— Soit ! je veux bien te donner ce que tu me demandes, mais à condition que tu te montreras docile à mes volontés, que tu me laisseras te marier convenablement...

— Tant que vous voudrez, cher père, vous serez enchanté de moi.

M. Belatout sort de son portefeuille un billet de mille francs qu'il donne à son fils, et celui-ci, très content de se sentir en fonds, se hâte d'aller faire une autre toilette.

Dès qu'il est habillé, le premier soin d'Eugène est de se rendre chez son ami Marcélin. Celui-ci pousse un cri de joie en le voyant :

— C'est ce cher Eugène !

— Oui, mon ami, c'est moi qui viens à Bar-le-Duc comme les chats qu'on fouette, car tu sais que je n'aime que Paris ; mais enfin mon père le voulait, et puis je n'avais plus le sou !

— Est-ce que tu ne penses pas à devenir raisonnable enfin?...

— Et toi? On dit que tu ne fais rien ici que t'amuser... Si tu t'amuses en province, tu es bien heureux !...

— Ah ! mon ami, c'est que je suis amoureux ici !

— Amoureux ! mais on l'est partout. J'ai laissé à Paris deux amours charmants : d'abord, Zozinette... la grande blonde, qui sait fumer par le nez... qui ingurgite des sorbets et croque les queues d'écrevisses avec leurs écailles !... Ah ! quelle femme gaie, aimable en société !... Ensuite Floreska, qui se destine au théâtre... à la danse... quel pied ! quelle

jambe!... Dans un dîner, au dessert, elle veut toujours danser sur la table...
Te la rappelles-tu, tu as dîné avec elle?...

— C'est possible, mais j'ai oublié tout cela, je ne veux plus m'en
souvenir, car, je te le répète, je suis amoureux, je veux me marier... et
devines-tu avec qui?

— Est-ce que je connais les beautés d'ici?

— Eh bien! Eugène, c'est ta sœur que j'adore, c'est d'elle que je
brûle de devenir le mari.

— Bah! Diana!... Au fait, elle est devenue très gentille! Eh bien! ça
me va, ça *me botte;* tu aimes ma sœur, je te l'accorde, c'est une chose
arrangée!

— Hum! arrangée !... pas aussi vite que tu le crois. C'est le consentement de ton père qui sera difficile à obtenir.

— Pourquoi donc? tu es gentil, tu as une fortune suffisante... tu es
médecin, tu ne soignes personne, mais ça prouve ta prudence, et la crainte
que tu as de faire des boulettes; enfin tu adores ma sœur, elle t'aime
aussi, ça doit aller tout seul?

— Eh! tu ne sais pas que ton père ne veut pas me pardonner de
m'être battu en duel... d'avoir presque tué mon adversaire! Il a dit
plusieurs fois... c'est Friquette qui me l'a répété... que jamais un duelliste n'entrerait dans sa famille!

— Bon! on dit tant de choses qui ne signifient rien, ou qu'on oublie
après!... Mon père se laissera attendrir. Tiens, si tu m'en crois, tu feras
ta demande le plus vite possible, je crois l'instant favorable, car mon père
a des idées de mariage pour moi, il m'en a parlé. Eh bien! en mariant
ma sœur, il fera d'une pierre deux coups.

— Tu es donc disposé à épouser celle qu'il compte t'offrir?

— Oui, si elle est jeune, jolie, bien faite et spirituelle. Dans le cas
contraire, *je me la brise!*

— Ah! sapristi, ne va pas parler comme cela devant ton père, cela
n'arrangerait pas nos affaires!...

— Sois donc tranquille, je *tairai mon bec!*

— Encore! mais tu ne sais donc pas qu'ici, dans les réunions, un
jeune homme qui parle argot est très mal reçu!...

— On ne peut donc pas rire un peu?

— Pas de cette manière-là.

— Alors je ferai le mort... En attendant, j'ai su tirer au papa une
carotte de mille francs, et je vais m'acheter des cigares. O Zozinette! toi
qui fumes par le nez! où es-tu en ce moment?... Je gage qu'ici je ne
trouverai pas une femme qui sache fumer?

— Mais non, certainement.

— Comme la province est arriérée !

V

INVENTION RAFRAICHISSANTE

Sur les quatre heures de l'après-midi, les convives commencent à arriver chez M. Bélatout; car, en province, on n'en est pas encore venu, comme à Paris, à ne se mettre à table qu'à sept heures et demie, quelquefois même huit heures; ce qui transforme les dîners en soupers. Chez M. Bélatout, on dîne à cinq heures; vous avez le quart d'heure de grâce, pas davantage, et encore ne l'accorde-t-on qu'aux dames; pour les hommes, on exige une exactitude militaire.

Marcelin arrive le premier, il est pressé de voir Diana, mais il peut mettre son empressement sur le plaisir qu'il a de se retrouver avec son ami Eugène. Les belles truites qu'il a envoyées lui valent un accueil assez gracieux du maître de la maison, qui, cependant, lui dit avec un air légèrement moqueur :

— On ne vous reprochera pas de venir trop tard, jeune homme, vous êtes le premier !

— Je suis peut-être indiscret en arrivant si tôt, monsieur?

— Je ne dis pas cela, il vaut mieux être le premier que de se faire attendre.

— Et puis, dit Eugène, en allant serrer la main de son ami, il me semble qu'il faut toujours que quelqu'un arrive le premier, n'est-ce pas, mon père?

— Sans doute! à moins que plusieurs personnes ne viennent en même temps.

Diana ne se permet pas de rien dire, elle se contente de rougir, comme le fait toute jeune fille encore naïve, en voyant paraître celui qui le premier a fait doucement battre son cœur. Plus tard cette rougeur-là devient moins sensible, puis arrive un temps où l'on ne rougit plus du tout; c'est dommage !

Après Marcelin, c'est M. et M⁽ᵐᵉ⁾ Plantureau qui se présentent. Madame est une petite brunette, qui a été très piquante et qui pique encore un peu. Par exemple, elle n'a pas l'air d'être folle de son mari, et ne se gêne pas pour hausser les épaules quand il parle de ses inventions; mais cela n'empêche pas M. Plantureau, grand blond, crépu comme un nègre, de continuer à chercher, à se creuser la tête, pour trouver quelque chose qui le rende millionnaire, et, ce qu'il ambitionne plus encore, fasse aller son nom à la postérité.

Cette fois, l'inventeur arrive l'air radieux et en se frottant les mains, c'est son habitude quand il croit avoir trouvé quelque chose de nouveau. Aussi Mme Plantureau répète-t-elle sans cesse qu'elle a envie de pleurer quand elle voit son mari se frotter les mains, parce qu'elle prévoit qu'il va aller prendre un brevet pour une nouvelle invention.

Les Plantureau félicitent Eugène sur son retour.

— Il y avait longtemps que vous n'étiez venu voir votre père? dit madame.

— Deux ans, madame, mais alors je n'ai passé que dix jours ici.

— Et, cette fois, resterez-vous plus longtemps avec nous?...

— J'espère bien qu'il ne vous quittera plus! s'écrie M. Belatout, qu'il va se fixer à Bar-le-Duc; j'ai trouvé un moyen pour le rendre raisonnable.

— Ah! mon Dieu! est-ce que vous inventez aussi, vous?

Et cette dame s'éloigne avec effroi de Belatout, tandis que son mari se frotte les mains en disant :

— Voilà ma femme qui va encore attaquer les inventeurs... mais, patience! quand je lui ferai rouler carrosse, elle changera de langage.

— Je ne sais pas ce que vous me ferez rouler, monsieur; mais, en attendant, je vois que nos chambres sont pleines de vos inventions, qui ne servent à rien qu'à nous donner l'air de marchands de bric-à-brac!

— Madame, on ne réussit pas toujours du premier coup, il me semble que l'on peut bien endurer quelques ennuis, quand il s'agit de faire aller son nom à la postérité.

— La postérité! qu'est-ce que cela me fait, à moi, la postérité?... Mettra-t-elle du beurre dans nos épinards?

— Ah! taisez-vous, Eulalie, vous blasphémez!...

— Non, je parle logiquement! je dis qu'avant de travailler pour la postérité, il faut s'acheter des bas et des culottes!...

L'arrivée de M. Potard met fin à ce petit intermède conjugal. L'ex-greffier est un gros homme, toujours essoufflé, qui n'est pas deux minutes sans vider sa tabatière; il arrive en s'essuyant le visage.

— Salut, mesdames et messieurs... je suis bien le vôtre... Ouf! quelle chaleur!... vingt-deux degrés passés, et nous ne sommes qu'en juin!... Qu'est-ce que cela nous promet!... Tiens! voilà le fils... monsieur Eugène... Bonjour, jeune homme... vous n'êtes pas engraissé...

— Non, Dieu merci!

— En usez-vous?

— Priser? fi donc! on ne prise plus, c'est ganache! on fume partout!...

— Eh bien! moi, je suis ganache alors, car je prise et je ne fume pas...

— Après cela, si ça vous amuse, eh! mon Dieu! *allez-y!*

— Où cela?

— Je veux dire : Faites ce qui vous plaît, et moquez-vous du reste.

— Eh! eh! cette méthode est assez la mienne... En usez-vous?

— Je viens de vous dire que non.

— Ah! c'est juste! Il est donc question, Belatout, de juger un certain vin de Corton dont tu as fait l'acquisition?

— Oui, et, comme je sais que tu es amateur, j'ai tout de suite pensé à toi.

— Amateur et connaisseur, je m'en flatte! en fait de vins, il n'y a pas moyen de me tromper ni sur leur qualité ni sur leur âge...

— Dites donc, papa Potard, s'écrie Eugène, êtes-vous aussi fort sur les femmes que sur les vins?

— Oh! non, je ne m'en flatte pas.

— Il y a un moyen pour les faire vieillir très vite, dit Plantureau, c'est de les enterrer dans du sable.

— Les femmes?

— Non, les bouteilles ou les cruchons de vin. Quant aux femmes, elles vieillissent toujours assez vite!

— Eh bien! et les hommes donc? s'écrie madame Plantureau? Est-ce que vous croyez par hasard que vous restez toujours jeunes, vous?... Ils sont charmants, ces messieurs! ils voudraient nous faire croire que le temps ne marche que pour nous!

Ces messieurs rient beaucoup de la sortie de M⁽ᵐᵉ⁾ Plantureau, lorsque arrive M. Grandbec; c'est un long jeune homme, sec et jaune; ayant des yeux de chouette et un nez fait comme un bec d'oiseau; il n'a que vingt-huit ans et il en paraît quarante. Il se tient raide comme un bambou, affecte toujours un air grave et ne regarde le monde qu'en dessous; il marche à pas comptés, parle comme il marche, et salue, puis s'asseoit comme s'il était à ressorts; sur un théâtre, il pourrait parfaitement passer pour un homme en bois.

M. Belatout s'empresse d'aller au-devant de cette grande marionnette et lui serre la main avec effusion, tandis qu'Eugène, qui se sent une envie de rire démesurée, dit tout bas à Marcelin :

— Ah! mon Dieu! qu'est-ce c'est que cela?... ça ressemble à ces diables qui sortent brusquement d'une boîte pour faire peur aux enfants. Où donc mon père a-t-il acheté ce vilain joujou-là?

— Mon cher Eugène, ce joujou-là, comme tu veux bien l'appeler,
est M. Grandbec, qui se donne pour un étudiant en notariat. Ton père l'a
pris en grande affection, parce que ce Grandbec affecte un extrême amour
du travail, une sagesse exemplaire, ne se permet jamais la moindre plaisanterie ; enfin on ne se souvient pas de l'avoir vu rire.

— Il doit être alors bien agréable en société ; il me fait l'effet d'un
croque-mort. Je te promets qu'il faudra qu'il se déride avec moi, ou qu'il
dise pourquoi.

M. Grandbec a répondu en s'inclinant au serrement de main de
M. Belatout, qui lui montre Eugène en lui disant :

— Mon cher monsieur Grandbec, voilà mon fils que je vous présente ;
vous ne le connaissez pas encore, car, lorsqu'il est venu nous voir, il y a
deux ans, je n'avais pas le plaisir de vous recevoir chez moi. Mais j'espère
que maintenant vous allez faire connaissance.

M. Grandbec fait quelques pas vers Eugène, qu'il salue, en lui disant
gravement :

— Monsieur, certainement je serais très flatté d'avoir l'honneur... de
faire la vôtre.

— Et moi donc, monsieur, répond Eugène en souriant, je puis vous
assurer que cela fera le plus grand plaisir à *Bibi!*...

M. Grandbec demeure tout surpris, il croit avoir mal entendu, puis
enfin salue à reculons et, s'approchant de Diana, lui dit d'une voix
mielleuse :

— Monsieur votre frère s'appelle donc *Bibi* de son petit nom ?

— Mais non, monsieur, répond la jeune fille, mon frère n'a pour nom
de baptême que celui d'Eugène.

— Ah ! mais, vous savez, quelquefois, entre amis, on se donne un
autre petit nom... Monsieur votre frère ne vous l'aura pas encore dit ;
mais il paraît qu'il a adopté celui de Bibi.

— Vous croyez, monsieur ?

— Oui, mademoiselle, c'est lui-même qui vient de me le dire.

Le couple Boulinot et Mᵐᵉ Fleurinard, la veuve de trois maris,
viennent se joindre à la réunion. Les Boulinot sont d'anciens commerçants
fort à leur aise et qui se croient tout permis, parce qu'ils ont de l'argent.
Ils font de l'embarras, ne trouvent bon que ce qu'ils achètent, et beau que
ce qu'ils portent. Le mari emploie continuellement, en parlant, le pronom
possessif ; il en a plein la bouche en disant : « Ma fortune ! mes terres, ma
table, mes domestiques ! » Seulement on a remarqué qu'il ne disait pas
ma femme.

Madame est un peu moins personnelle, elle dit : « Nos rentes, nos

M. Grandbec s'est avancé pour offrir la main à Diana. (P. 40.)

gens, notre vaisselle plate, nos fameux vins! » et en parlant à un ami intime, dit quelquefois : « Nos enfants. »

La veuve Fleurinard a quarante-neuf ans. Elle a eu trois maris et semble encore en guigner un quatrième, mais il est probable qu'elle en sera pour ses œillades et ses frais de toilette.

— Ce n'est pas qu'on me trouve vieille! dit Mᵐᵉ Fleurinard, mais ils croient que je jette un sort sur mes maris, et cela les arrête.

LIV. 188. — PAUL DE KOCK. — ÉD. J. ROUFF ET Cⁱᵉ.   LIV. 183

La famille Triffouille vient compléter le nombre des convives. Ce sont de bonnes gens, qui ont une spécialité bien remarquable : ils ne disent jamais de mal de personne. Aussi passent-ils pour bêtes chez beaucoup de leurs connaissances. Soyez donc bons ! voilà ce que cela rapporte.

Les deux demoiselles Triffouille, jeunes filles de quinze à seize ans, courent s'emparer de Diana et s'empressent d'aller causer avec elle dans un coin du salon : vous remarquerez que les jeunes filles ont un grand faible pour les petits coins.

M. Belatout présente son fils aux personnes qui ne le connaissaient pas. Mais la conversation générale roule bientôt sur la chaleur qui règne en ce moment : les hommes suent et s'essuient le visage ; les dames assurent qu'elles ne suent pas ; elles y mettent de l'amour-propre ; elles sont rouges et luisantes, mais elles ne veulent pas s'essuyer. Quelques-unes craignent probablement de déranger l'harmonie de leur coiffure ou les couleurs de leur teint.

— C'est surtout la nuit que la chaleur est accablante, dit Potard ; on se couvre à peine, et on a encore trop chaud.

— Moi, je ne me couvre pas du tout, dit M. Boulinot ; je me mets sur mon lit nu comme un ver !... et je gigote à mon aise.

— Si madame se met près de vous dans le même état, dit Eugène, vous devez ressembler à Adam et Ève.

— Nous ne couchons pas ensemble, monsieur, répond Mme Boulinot, nous faisons lit à part... Dieu merci !... car mon mari ronfle, que cela en est assourdissant.

— C'est mon tempérament, à moi !... il faut que je ronfle, d'une manière ou d'une autre, sinon je suis malade.

— Quelle est donc votre autre manière de ronfler, monsieur Boulinot ? demande Eugène en riant.

Mais il ne reçoit pas de réponse.

— Mesdames et messieurs, dit Plantureau en s'avançant alors au milieu du salon, depuis longtemps, en été, on se plaint de la chaleur, qui dure quelquefois des mois entiers, et personne encore n'avait cherché un moyen de braver cette chaleur, de la narguer même, en se donnant facilement un air frais. Eh bien ! moi, j'ai cherché ce moyen, et je l'ai trouvé !...

— En vérité ? mais ce serait une heureuse découverte !

— Voyons, expliquez-nous cela, monsieur Plantureau.

— Suivez-moi bien... D'abord mon invention est pour la nuit, quand on est couché, car vous venez de le dire vous-même, c'est surtout la nuit que la chaleur est insupportable et nous empêche de dormir.

— Oui, oui, c'est la nuit surtout que cela incommode.

— Voici ce que j'ai inventé... suivez-moi bien : c'est un rouleau en bois, long comme la largeur ordinaire d'un lit ; à ce rouleau sont adaptés deux éventails fort grands, et tout ouverts, l'un en dessus, l'autre en dessous. Vous attachez ce rouleau à deux portants en bois que vous avez placés dans votre bois de lit, l'un à droite, l'autre à gauche ; vous avez soin que les portants qui soutiennent le rouleau se trouvent vers la tête du lit. Voilà donc le rouleau qui est à peu près au-dessus de votre tête flanqué de ses deux éventails. Il ne s'agit donc plus que de le faire manœuvrer. C'est ce que j'ai trouvé, au moyen d'un mécanisme bien simple et qui se monte comme un mouvement de pendule. Dès que vous êtes couché, vous montez votre carcel... non, je veux dire votre rouleau, et le voilà qui tourne, tourne extrêmement vite, si bien que les deux éventails suffisent pour que vous ayez de l'air continuellement ; cela marche ainsi trois heures sans s'arrêter. Au bout de ce temps, si vous ne dormez pas, vous remontez votre ressort, et le rouleau recommence son jeu. Eh bien ! que dites-vous de cela ?

— C'est fort ingénieux !

— Cela me semble très bien imaginé !...

— Permettez, dit M. Boulinot, je veux bien être éventé un peu... mais si je m'endors et que votre rouleau continue à m'éventer, cela cessera de m'être agréable. Il faut du vent, mais pas trop n'en faut... cela m'enrhumera !

— Mais d'abord, monsieur Boulinot, tout le monde ne se met pas comme vous en sauvage sur son lit. Il me semble que l'on n'en dormira que mieux en recevant constamment un vent frais sur le visage ou ailleurs...

— Est-ce qu'on ne pourra pas arrêter la mécanique quand on se sentira envie de dormir ?

— Non, il faut que cela aille jusqu'au bout.

— Moi, dit Mᵐᵉ Fleurinard, il me semble que cela me ferait peur de voir tourner sur ma tête ce rouleau et ces grands éventails.

— On peut les mettre petits si on veut.

— Cela doit faire du bruit en tournant ?

— Oh ! un léger bruit fort gentil... toc, toc, comme les ailes d'un moulin, mais en petit ! Voyons, est-ce que vous croyez que mon système de ventilation nocturne n'est pas appelé à un grand succès ?

— Si fait ! si fait ! répondent les hommes d'un air qui signifie le contraire.

Quant aux dames, elles ne semblent pas approuver cette nouvelle invention qui tend à rafraîchir continuellement leurs maris.

— Moi, dit Eugène, j'avoue que, par une grande chaleur, j'aime autant aller me coucher sous un moulin à vent.

— Dès demain, s'écrie Plantureau, je vais commander cinq ou six cents rouleaux; puis je vais afficher et vendre mon invention.

— Ah! mon Dieu! murmure sa femme, nous allons encore avoir une chambre remplie de ses mécaniques. Que vais-je faire de tous ces rouleaux!...

— Au besoin, dit Eugène, vous vous en servirez pour faire de la galette.

— Monsieur est servi! dit Friquette en passant sa tête dans le salon.

— Très bien! à table alors! Messieurs, la main aux dames.

VI

LE HÉROS DE LA FÊTE

Lorsque M. Belatout a dit : « La main aux dames ! » M. Grandbec s'est avancé pour offrir la sienne à Diana, mais comme ce jeune homme fait tout avec mesure, Marcelin l'a vite devancé et c'est lui qui conduit la jolie demoiselle dans la salle à manger. Là, on voudrait bien encore rester l'un près de l'autre, mais il n'y a pas moyen : M. Belatout a fait placer sur chaque couvert le nom du convive, et Diana est entre M. Boulinot et M. Grandbec... Les amoureux ne pourront pas même se toucher le bout du pied, grande ressource à table quand on est obligé de cacher ses sentiments. Aussi ce qui se passe, sous une table, est-il souvent bien plus amusant que ce qu'on fait dessus.

M. Belatout trône entre Mmes Boulinot et Triffouille. Eugène a lestement changé sa carte de place pour se trouver à côté de l'épouse de l'inventeur, qui semble avoir bien besoin de consolations, surtout depuis que son mari a inventé un moyen pour n'avoir jamais de chaleur.

Le potage se prend sans que l'on ait encore dit autre chose que les phrases d'usage :

— Il est excellent!

— Il est parfait!...

— Je n'ai jamais mangé un tapioca mieux réussi!

— Je le trouve un peu salé, dit M. Boulinot; chez moi, ma cuisinière me fait goûter avant de servir; comme ça, je suis sûr qu'il n'y a jamais trop de sel ou trop de poivre.

— Si on avait su cela plus tôt, dit Eugène, on aurait pu envoyer

M. Boulinot à la cuisine, il aurait goûté à tout... Mais il est peut-être encore temps?...

— Non, merci, je préfère rester à table, répond le gros monsieur qui ne s'aperçoit pas que le fils de la maison se moque de lui.

— Voici du madère que je vous recommande, dit M. Belatout.

— Oh! tu n'as pas besoin de nous le recommander, s'écrie Eugène; je trouve seulement la *fiole* trop petite... Allons, madame Plantureau, un peu de madère?... il faut prendre de la chaleur pour supporter tous les vents que vous prépare votre mari.

— Oh! oui... oh! vous avez raison!... j'aurais bien besoin d'être réchauffée.

— Délicieux madère! dit M. Grandbec en tenant son verre à la hauteur de son œil.

— Qu'en dis-tu, Potard?

— Hum! oui... assez bon, un peu fort!

— Ça! dit Boulinot, ça n'a jamais été du madère!... c'est un mélange d'eau-de-vie et de marsala qui a été fabriqué à Cette... mais du vrai madère, quelle différence!... C'est moi, qui en ai du véritable, et retour de l'Inde... Ah! si vous en buviez, vous verriez que ça ne ressemble pas à celui-ci!

— Parbleu, monsieur, dit Eugène, il y aurait un moyen bien simple de nous faire juger de la différence : envoyez-en chercher deux ou trois fioles chez vous, et, s'il est si bon, je vous promets de n'en pas laisser une goutte.

M. Boulinot est embarrassé, il s'aperçoit qu'il a affaire à forte partie; le fils de la maison le met au pied du mur; il tâche de s'en tirer en disant :

— Oh! non, je ne veux pas envoyer chez moi... d'ailleurs, mes gens sont sortis, ensuite j'ai peut-être mal goûté celui-ci; donnez-moi encore de ce madère, que je le juge mieux...

Et M. Boulinot tend son verre du côté d'Eugène, mais celui-ci s'empresse d'en verser à sa voisine et d'emplir le sien jusqu'au bord en disant :

— Non, non, vous l'avez trouvé mauvais, vous n'en aurez plus; c'est un mélange fabriqué à Cette, cela vous ferait du mal; mais, moi, je ne crains pas les mélanges, je me sacrifie... je bois le reste.

M. Boulinot se pince les lèvres, il remet son verre devant lui, en disant :

— Après tout, je n'y tenais pas.

M. Belatout n'est pas fâché de la leçon que reçoit le gros Boulinot; cependant il trouve la conduite de son fils un peu leste, et lui dit :

— Eugène, tu prends trop à cœur les intérêts de mon vin. Je ne veux pas que tu te sacrifies en vidant ainsi les bouteilles. Au reste, j'attends

Boulinot à mon vin de Corton; j'aime à croire qu'il lui rendra justice.

Le monsieur si difficile ne dit rien. Plantureau s'empresse de prendre la parole :

— Je crois qu'il doit y avoir un moyen infaillible pour savoir si un vin est frelaté... Je vais chercher cela; je suis sûr que je trouverai.

— Ah ! mon Dieu! mon mari va encore inventer quelque chose ! dit Eulalie à son voisin, qui lui répond :

— Savez-vous, belle dame, que votre époux est un terrible inventeur... il doit aussi avoir innové en amour et trouvé une nouvelle manière d'exprimer sa flamme?

— Taisez-vous!... vous me faites rougir ; vous m'avez trop versé de madère, j'ai les joues en feu.

— M. Plantureau vous éventera...

Marcelin, qui trouve qu'on a assez parlé de vins, sujet de conversation qui ne doit pas amuser beaucoup les dames, demande à sa voisine, Mme Fleurinard, si elle reçoit un journal de modes de Paris.

— Si je reçois un journal de modes? répond cette dame; mais, monsieur, je suis abonnée à trois maintenant. Du vivant de mon premier mari, je n'en recevais qu'un : Alphonse craignait que je devinsse coquette ; sous mon second, j'en recevais deux : Léonce adorait la parure ; enfin, sous mon troisième, Joachim, qui me laissait faire tout ce que je voulais, j'ai pris un troisième abonnement... Ah! je n'existerais pas sans mes journaux de modes !...

— Alors, madame, il est probable que vous prendriez un quatrième journal si vous aviez un quatrième mari !.

— Ah! monsieur... on ne sait pas! répond la veuve en minaudant, tandis que M. Potard murmure :

— Quatre abonnements pour une veuve de trois maris ! c'est trop cher ; elle devrait se contenter du *Petit Journal.*

Saisissant un moment où l'on n'entend que le bruit des fourchettes, M. Grandbec, qui depuis quelque temps semblait se recueillir et chercher quelque chose d'agréable à raconter à la société, prend sa voix du fond de sa gorge et dit :

— On a trouvé hier un homme pendu derrière le clos du père Lucas?

— Ah! mon Dieu!

— Ah! quelle horreur!...

— Tiens, ça fait un assez joli relevé de potage ! dit Eugène. Cependant, monsieur aurait peut-être mieux fait de nous garder cela pour le coup du milieu.

— Monsieur, je vous dis que j'ai vu de moi-même, *de visu*

— Comment, monsieur Grandbec, vous avez été voir ce pendu? dit Mme Boulinot.

— Pourquoi pas, madame? un pendu est un homme comme un autre...

— Oui, comme un autre qui est mort.

— Enfin, dit M. Belatout, sait-on qui était cet homme, l'a-t-on reconnu?

— C'est fort difficile : il avait déjà la figure verte et le nez décomposé...

— Ah! monsieur, faites-nous grâce des détails!

— Cependant, il est survenu une femme qui s'est écriée : « C'est Nicaise... c'est mon mari... Le malheureux, il s'est tué parce qu'il suait des pieds, et que je lui avais dit que je ne pouvais plus lui acheter de chaussettes... il en usait à nous ruiner. »

— Voilà une histoire bien émouvante, dit Eugène, ce monsieur qui se tue parce qu'il *corne des merlins !*... Il me semble que le vin de Corton arriverait bien pour faire couler cela!

— Oui, dit Potard, je suis de l'avis de M. Eugène. Donne-nous de ton corton, Belatout, il me tarde de faire sa connaissance.

Le vin de Corton est apporté par Jacquet, qui pose plusieurs bouteilles devant son maître, en disant :

— Cette fois, en voilà du bon!...

— Comment sais-tu cela, toi, dit Eugène, tu y as donc goûté?

— Oh! oui, monsieur... quand je l'ai mis en bouteilles, les tonneliers m'ont dit que cela se faisait toujours.

— Il suffit, Jacquet, dit M. Belatout, j'aurai l'œil sur vous quand vous irez à la cave.

— Si monsieur veut y aller à ma place, j'aime autant ça!... Je l'éclairerai.

Le vin de Corton est versé et Potard, le connaisseur, respire son bouquet en disant : — Oh! c'est très fin, cela... hum!... Délicieux bouquet... dégustons...

— Eh bien! Potard, qu'en dis-tu?

— Parfait... je défie que l'on trouve mieux!

Tout le monde fait chorus. M. Boulinot, seul, secoue la tête, en disant :

— Est-ce qu'il n'est pas un peu passé?

— Passé, ce vin-là, passé! s'écrie Belatout, mais il est dans toute sa force... n'est-il pas vrai, Potard?

— Je répète qu'il est parfait, et je m'y connais...

— En trouvant qu'il est passé, dit Eugène, M. Boulinot a voulu dire qu'il le serait tout à l'heure. Ce vin-là passe comme une lettre à la poste... j'en redemande tout de suite... et ma voisine aussi!...

— Ah! monsieur Eugène! ménagez-moi! Vous me faites trop boire!

— Monsieur Eugène! dit à son tour Plantureau, ménagez ma femme, elle a le vin très tapageur!...

— Tant mieux... elle soutiendra le choc de vos inventions. A présent, nous allons *becqueter* les truites de mon ami Marcelin... car c'est toi qui as pêché cela, n'est-ce pas, Marcelin?

Le jeune pêcheur, qui veut se rendre agréable à son hôte, répond :

— Mon cher Eugène, laissez-moi donc savourer ce vin de Corton, je n'ai jamais rien bu d'aussi bon.

— Alors, c'est que vous n'avez jamais bu de chambertin, dit M. Boulinot.

— Pardonnez-moi, mais je préfère celui-ci.

— Je gage, s'écrie Eugène, que M. Boulinot a dans sa cave du chambertin excellent et qu'il veut nous en faire goûter, pour que nous comparions. Jacquet! tu vas aller chez M. Boulinot, tu diras à son domestiques que tu viens de sa part chercher du chambertin.

— Mais non, mais non!... s'écrie Boulinot, en retenant Jacquet, qui se disposait déjà à sortir. Je vous ai dit que mes domestiques avaient *campo*... ils sont sortis... et puis, je ne suis pas bien sûr d'avoir encore du chambertin... J'ai de tant de sortes de vins dans ma cave!...

— Alors, *tu peux te fouiller!*

M. Boulinot reste la bouche béante et comme pétrifié par ce qu'il vient d'entendre; toutes les dames ouvrent de grands yeux et les hommes de grandes oreilles. M. Grandbec, qui était déjà demeuré tout saisi par les mots d'argot prononcés par Eugène, murmure : — *Te fouiller... te fouiller... becqueter... corne des merlins...* Je n'y suis pas du tout.

— Mon fils, dit M. Belatout, en prenant un air grave, que signifie cette façon de vous exprimer? Vous dites à M. Boulinot qu'il peut se fouiller... vous vous permettez de le tutoyer... comme si c'était un de vos camarades de collège!

— Mais, mon cher père, je ne tutoyais pas monsieur pour cela!... je me servais d'une locution nouvelle, très employée maintenant en société. Tu peux te fouiller signifie : Tu n'as plus rien dans ta *trombine...* ou : *Tu peux prendre la rampe!...* ou : *Je te retiens pour la valse...*

— Assez, Eugène, assez, faites-nous grâce de ce langage de barrières!...

— De barrières! pas du tout, c'est très usité dans le beau monde..

Ah! fumer... bravo!... en voilà une bonne idée. (P. 48.)

— Du moment que M. Eugène n'a pas eu l'intention de me tutoyer,
dit M. Boulinot, je ne me tiens pas pour offensé.

— Vous tutoyer... j'en serais bien fâché, répond Eugène en riant.
Ah! quand vous m'aurez fait goûter de tous les vins de votre cave!... ce
sera différent; je pourrai vous donner mon portrait!... Allons, père Potard,
faites-moi raison... il n'y a que vous qui buviez bien ici!... A la santé de
ces dames!...

Tous les hommes s'empressent de porter le toast offert par le fils de la maison. Mais celui-ci, qui a déjà abusé du madère, et qui continue avec le corton, commence à dire tout ce qui lui passe par la tête, et veut absolument que tout le monde soit comme lui. En vain son ami Marcelin lui fait signe de se modérer, de ne pas tant boire, Eugène s'écrie à chaque instant :

— Le vin du papa est fameux! il faut lui faire honneur! Je vous donne l'exemple, que chacun fasse comme moi... rions! chantons! égayons-nous! nom d'une pipe!... Mais vous n'allez pas, mes petits agneaux, vous êtes tous gais comme des fossoyeurs!... Il n'y a que ma petite voisine qui sirote assez bien... A votre santé, heureuse épouse d'un homme qui trouvera un de ces jours une invention pour faire des enfants rien que par la vapeur...

— Mon fils!... prenez garde... vous allez trop loin!

— Comment, trop loin? Mais, avec la vapeur, ne va-t-on pas au bout du monde... qu'en dites-vous, monsieur du pendu?... Voyons, avez-vous encore quelque drôlerie à raconter à ces dames? vous avez un heureux choix d'historiettes... Après cela, si vous voulez faire frémir votre auditoire, faire peur au beau sexe, vous y réussirez, vous avez tout ce qu'il faut pour cela.

M. Grandbec regarde Eugène d'un air effaré et dit tout bas à Diana :

— Est-ce que monsieur votre frère est toujours comme cela, mademoiselle?

Et la jeune fille répond à demi-voix :

— Je ne sais pas, monsieur.

On est arrivé au dessert et l'on apporte le champagne; alors Eugène s'écrie :

— Le champagne Rozey de l'auteur de nos jours; ah! je le connais, celui-là, je n'en ai pas bu de meilleur à Paris. Mes enfants, si vous ne vous égayez pas avec celui-là, je vous déclare incurables!... C'est le vin des dames... mais les hommes ne s'en privent pas... débouchons... débouchons... Marcelin, passe-moi cette bouteille... vous allez voir comme je fais partir cela!...

— Mais M. Belatout en débouche une...

— Est-ce que tu crois par hasard que nous allons n'en boire qu'une... ce serait joli!... c'est mon retour que l'on fête... Passe-moi cette bouteille... vous allez voir comme je fais sauter les bouchons... En avant la musique!

En effet, Eugène a débouché sa bouteille avant que son père ait encore coupé les fils de fer de la sienne. La mousse s'élance. En faisant semblant de la comprimer, Eugène en envoie dans plusieurs visages.

Mᵐᵉ Boudinot s'écrie :

— Ah ! monsieur, j'en ai dans l'œil !

— Cela éclaircit la vue, madame.

— J'en ai plein le nez, dit Plantureau.

— Alors, il faut renifler. A une autre, celle-ci est déjà vide... Je parie en boire deux avant que mon père ait débouché la sienne... Jacquet, donne-moi une autre bouteille ! Eh bien, voisine, comment le trouvez-vous ?

— Ah ! c'est trop bon !

— Comment, trop bon ? est-ce qu'une chose est jamais trop bonne ?

— Oui, parce qu'on en voudrait toujours.

— Eh bien ! buvez-en donc encore...

— Monsieur Eugène, de grâce ! mes yeux se troublent... je ne vois plus mon mari.

— Vous voyez bien que les dames ont raison d'aimer ce vin-là.

M. Belatout vient de parvenir à déboucher sa bouteille ; il offre du champagne à M. Boulinot, en lui disant :

— Eh bien ! prétendez-vous avoir de meilleur rozey que celui-là ?

— Je ne sais pas... d'abord je n'en ai pas de cette couleur, je n'aime pas le rozey...

— M. Boulinot n'en a que du vert ! s'écrie Eugène en vidant de nouveau son verre.

— Moi, jeune homme, j'ai du *moët*, du vrai *moët !*

— Eh bien ! alors, va donc en chercher, *ma vieille*, que nous puissions le juger !...

— *Ma vieille !* Comment, monsieur, vous m'appelez ma vieille, à présent !

— Et cela te fâche, Bichon ! Mais, ma vieille, c'est un petit mot d'amitié... Après ça, si tu aimes mieux mon vieux !... soit !

— Mon fils !... je vous prie, modérez-vous !...

— Mais, cher père, sommes-nous ici pour nous amuser, oui ou non ? Eh bien ! alors, comme le héros de la fête, je donne l'exemple. Tenez, si je disais à ce monsieur... qui raconte des choses si gaies, qu'il a un nez fait comme le bec d'un cormoran, est-ce qu'il se fâcherait ?

— Est-ce de moi que vous parlez, monsieur ? murmura Grandbec.

— Et de qui donc ? Ce n'est pas de M. Trifouille, qui est camus...

— Monsieur, la nature nous fait à sa guise...

— C'est juste, *et ta sœur ?*

— Comment, ma sœur ?... je n'en ai pas.

— Ah! ah! sont-ils arriérés... Je bois à ces dames!

— Eugène! tu bois trop!

— Marcelin, laisse-moi tranquille... je veux rire, j'ai le vin très aimable...

— Mon fils, arrêtez-vous... il n'est que temps!

— M'arrêter! devant du champagne! jamais! Ah! voilà Mme Boulinot qui fait de petits yeux... Mme Triffouille a pris des couleurs... il n'y a que la veuve Fleurinard qui se tient comme l'obélisque. Voilà ce qui s'appelle une veuve *chouette!*

— Mon fils, je vous rappelle à l'ordre!

— Mon père, nous ne sommes pas à la Chambre... Voyons, belle Fleurinard, vous qui avez eu trois maris... dites-nous, là, franchement, y en a-t-il un des trois qui n'ait pas été... ce que vous savez bien?...

— Monsieur Eugène, je ne sais pas ce que vous voulez dire...

— Ah! elle est bonne, celle-là!... vous ne savez pas ce que sont tous les maris en général ou en particulier?

— Monsieur, mes maris ont été très heureux... tous les trois!

— Ils l'ont été tous les trois? Voilà ce que je voulais vous faire dire!...

— Mon fils, vous sortez des bornes!...

— Comment? je sors des bornes parce que je demande à cette apprentie Barbe-Bleue si, par hasard, un de ses maris ne l'a pas été... comme les autres.

— Monsieur Marcelin, emmenez-le.

— Eugène, viens prendre l'air.

— Ah! zut!... vous m'embêtez à la fin!

Marcelin s'est levé, il va prendre Eugène sous un bras en lui disant :

— Viens fumer!

— Ah! fumer!... bravo!... en voilà une bonne idée!... oui, je fumerai avec délices... c'est cela, allons fumer... Mes enfants, ne vous impatientez pas... nous allons revenir... Petite voisine, venez-vous fumer avec nous?

La tendre Eulalie a fait un mouvement pour se lever, mais un regard de son mari la cloue à sa place et elle retombe sur sa chaise, en murmurant : « Ah! c'est juste!... ils vont fumer... je croyais qu'on allait danser. »

VII

ÉVÉNEMENTS DE LA SOIRÉE

— Mesdames et messieurs, dit M. Belatout, après que Marcelin a emmené Eugène, je vous demande mille excuses pour toutes les... inconvenances que vous a débitées mon fils... Vous m'en voyez tout contrit! Je sais bien que c'est le champagne dont il a abusé, qui lui a troublé la raison... Je n'en suis pas moins désolé de son peu de tenue en société... il ne devait pas se griser... mais voilà ce que les jeunes gens vont apprendre à Paris!

— Bon! dit Potard, on se grise aussi très facilement en province, ton fils ne supporte pas bien le vin, voilà tout!... mais il n'y a pas grand mal dans tout cela.

— Sans doute, dit Mme Triffouille, c'est l'effet du champagne... ce jeune homme est très gai.

— Je le trouve infiniment aimable. dit Mme Plantureau.

— Oh! pour moi, dit la veuve Fleurinard, je lui pardonne ses plaisanteries.

— Mais pourquoi m'a-t-il appelé : *ma vieille?* dit M. Boulinot

— Et il a dit : *zut!* en s'en allant, ajoute M. Grandbec d'un air narquois. Est-ce que monsieur votre frère se sert souvent de ces expressions, mademoiselle?

Diane répond d'un petit ton fort sec :

— Il est arrivé de ce matin, monsieur, et j'ai trouvé fort bien tout ce qu'il a dit.

On passe dans le salon pour prendre le café, et, là, M. Belatout s'efforce de faire oublier les incidents du dîner; mais, en province, on est heureux d'avoir quelque chose de nouveau à raconter, cela défraie pendant quinze jours les réunions; et chacun fait déjà des commentaires sur la conduite du fils de la maison.

— Heureusement, Mlle de Boissalé n'était pas du dîner! se dit Belatout tout en prenant son café. Mais elle va venir ce soir avec sa tante... J'aime à croire que mon fils ne reparaîtra que lorsqu'il sera entièrement dégrisé.

Puis M. Belatout va frapper sur l'épaule de M. Grandbec en lui disant :

— Eh bien! jeune homme, la tenue, le langage de mon fils ont dû vous paraître bien blâmables, à vous si sage, si rangé, si réservé dans vos manières?

— Monsieur, en effet, j'avoue que je ne suis pas accoutumé à entendre les mots dont se sert monsieur votre fils... Non pas que je sois offensé de ce qu'il m'a dit que mon nez ressemblait à un bec d'oiseau... mais c'est ce... *zut!* qu'il a lâché en partant, qui me semble bien ignoble !

— C'est un reste de ses mauvaises connaissances de Paris. Mais, avec nous, il perdra tout cela et je veux que vous lui serviez de modèle.

— En revanche, vous avez une demoiselle bien aimable, bien spirituelle !

— Ma fille !... mais elle n'a pas parlé du tout à table...

— C'est égal, elle est bien aimable.

Plusieurs personnes viennent pour la soirée qui se donne chez M. Belatout; bientôt arrivent Mlle de Boissalé et sa tante. Cette demoiselle est un peu bossue, horriblement laide, et a constamment l'air hargneux. Sa tante est une grosse masse, qui ne dit pas quatre paroles et tient continuellement un de ses yeux fermé : tantôt le droit, tantôt le gauche.

M. Belatout s'empresse d'offrir des fauteuils à ces dames, qui lui disent :

— Où est votre fils?... Présentez-nous donc votre fils.

— Il va revenir, répond le papa; il s'était senti le besoin de prendre un peu l'air après le dîner... mais vous le verrez bientôt.

Les autres personnes venues le soir et qui étaient aussi curieuses de voir le fils de la maison, s'en informaient près de celles qui étaient au dîner. Et M. Boulinot ne manquait pas de répondre :

— Il est allé cuver son vin !

— Comment !... est-ce que ?...

— Il était saoul comme une grive!

— Pas possible !...

— Il nous a appelés *chouettes* et nous a dit *zut!*

— Ah! mon Dieu! que nous apprenez-vous là !

Mais si on interrogeait Mme Plantureau sur Eugène, elle répondait :

— Ah! il est charmant! aimable au possible... Il nous a dit à table des choses à pouffer de rire... On prétend qu'il était gris, c'est une calomnie! Il avait une petite pointe, voilà tout! Je voudrais bien que mon mari en eût souvent comme cela.

Après cela, on conçoit que les conjectures que l'on faisait sur le jeune homme ne devaient pas se ressembler, mais on n'en était que plus impatient de voir arriver le fils de la maison.

Cependant le temps s'écoulait et celui que l'on était si curieux de voir ne paraissait pas. Neuf heures venaient de sonner, et, en province, dans une simple soirée, neuf heures est déjà un moment fort avancé de la réunion. M. Belatout a été plusieurs fois dans la salle à manger, il a appelé Jacquet, il a interrogé Friquette. Celle-ci répond à son maître :

— M. Eugène voulait fumer ici, mais M. Marcelin lui a dit : « Tu sais bien que ton père n'aime pas l'odeur du tabac, il faut aller fumer dehors. »

— En effet, dit M. Belatout, je n'aime pas l'odeur de la pipe, ni même du cigare ; mais enfin, mon fils a quitté la table à sept heures et demie, il en est plus de neuf... on n'a pas besoin d'être une heure et demie dehors pour que les vapeurs du champagne se dissipent !

— Ils sont peut-être allés boire autre chose, dit Jacquet.

— Il ne manquerait plus que cela !...

— Jacquet est un imbécile, s'écrie Friquette, M. Marcelin n'est pas capable de laisser son ami se faire du mal !...

— Enfin, il faut cependant qu'on me retrouve mon fils, il faut qu'il paraisse au salon. Mᵐᵉ de Boissalé s'informe de lui à chaque instant. Jacquet, tu vas aller dans tous les cafés de la ville, tu y chercheras Eugène, et, quand tu l'auras trouvé, tu lui diras qu'il faut qu'il revienne sur-le-champ avec toi.

— Oui, monsieur, je lui offrirai même mon bras.

M. Belatout revient trouver sa société. En le voyant rentrer seul au salon, les conjectures grossissent, on se dit à voix basse :

— Il ne ramène pas son fils... ce jeune homme n'est donc pas présentable ?

— Est-ce qu'il est déjà retourné à Paris sans prendre congé de son père ?

— Il paraît que c'est un mauvais sujet !...

— Un affreux sujet ! qui ne sait pas se tenir dans un salon...

— Qui n'ouvre la bouche que pour tenir des propos révoltants.

— Qui danse le cancan en marchant !...

— Oh ! mais alors, c'est très heureux qu'il ne revienne pas !

Les conversations cessent tout à coup, car celui qui en est le sujet vient de reparaître avec son ami Marcelin. L'aspect d'Eugène produit un singulier effet sur toute la compagnie ; il est tellement pâle, qu'il en est effrayant. On comprendra d'où lui venait cette pâleur en sachant qu'avant de reparaître devant son père, il était entré à la cuisine pour y boire un verre d'eau. Et, là, pour le rendre plus intéressant aux yeux de la société, Friquette s'était imaginé de lui frotter légèrement la figure avec un peu de farine détrempée avec de l'eau. Elle n'avait pas averti le jeune homme et s'était contenté de lui dire : « Cela vous rafraîchira de vous débarbouiller un peu. « Eugène s'était laissé faire et son ami Marcelin, qui ne le regardait pas, n'avait pu remarquer l'effet produit par les soins de Friquette. Quand la veuve Fleurinard l'aperçoit, elle pousse un cri d'effroi et recule sa chaise.

— Ah! te voilà enfin! s'écrie M. Belatout en voyant entrer son fils. C'est bien heureux! tout le monde ici me demandait de tes nouvelles... Mais, comme tu es pâle!... est-ce que tu es encore malade?

— Moi! pas du tout, mon père! répond Eugène en saluant la société d'un air fort grave, parce que son ami Marcelin lui a dit qu'au dîner il a été beaucoup trop gai, et qu'il s'est promis de se conduire le soir tout différemment.

— Je ne t'ai jamais vu aussi blème... tu auras trop fumé!.. Monsieur Marcelin, mon fils a donc été fort indisposé?

Marcelin s'avance, il regarde Eugène, s'aperçoit de la façon dont Friquette l'a barbouillé, se mord les lèvres pour ne pas rire, et répond avec embarras :

— Monsieur, ce n'est rien... Eugène a été en effet mal à son aise, mais il n'y paraît plus...

— Comment, il n'y paraît plus!... Mais je trouve qu'il y paraît beaucoup, au contraire... il a l'air d'un mort!...

Marcelin s'approche de son ami et lui dit à l'oreille :

— Friquette t'a barbouillé avec de la farine, tu as l'air d'un paillasse.

— Tant mieux! elle a bien fait! répond Eugène, qui se tourne alors vers la société et fait des grimaces à tout le monde en ayant l'air de vouloir sourire.

— Mon fils, venez que je vous présente à M\ll de Boissalé et à sa tante.

Eugène se laisse conduire. M\ll de Boissalé regarde le jeune homme comme si elle en avait peur ; la tante ferme cette fois les deux yeux en même temps.

— Mademoiselle, voilà mon fils qui sera très heureux de cultiver votre connaissance.

— Ah!... c'est monsieur qui est votre fils... Est-ce qu'il a toujours aussi mauvaise mine? il a l'air d'un fantôme!...

— Non, mademoiselle, répond Eugène en saluant, la pâleur, cela passe!... Ce n'est pas comme quand on est bossu!... les difformités, ça ne passe pas ; au contraire, avec le temps cela augmente.

M. BELATOUT ET MARCELIN.

Mlle de Boissalé jette à Eugène un regard furibond. Son père le pousse du coude et lui souffle à l'oreille :

— Tu dis des bêtises... Qu'as-tu besoin de parler de bosses... devant cette demoiselle qui a une épaule un peu forte?... c'est très maladroit.. Je crois que tu n'es pas encore dégrisé !...

— C'est votre faute, cher père; qu'avez-vous besoin de me présenter à ce monstre-là?

— Ce monstre !... une demoiselle qui a déjà vingt mille francs de rente !... un parti superbe que j'ai mijoté pour toi !...

— Pour moi ?... Oh ! merci du cadeau... je vous le cède !... Epousez-la, mon père, puisqu'elle vous plaît tant !... épousez-la !... je n'en serai pas jaloux !... Ah ! voilà Diana qui accourt à moi... Que me veux-tu, petite sœur ?

— Je veux te frotter les joues et t'ôter ce blanc qu'on t'a mis sur la figure...

— Laisse-moi donc tranquille, je me trouve très bien comme je suis.

— Mais tu fais peur à tout le monde !...

— Pas possible ! Voyons, ma petite voisine de table, est-ce que je vous fais peur ?

Eugène vient de s'asseoir à côté de Mᵐᵉ Plantureau, qui l'accueille avec un doux sourire.

— Jamais !... pourquoi donc aurais-je peur de vous ?... Mais, certainement, on vous a mis quelque chose sur la figure. Laissez-moi donc voir...

Et cette dame, prenant un coin de son mouchoir, se met à frotter une joue d'Eugène ; le blanc s'en va, la joue reparaît avec sa couleur ordinaire, et la tendre Eulalie s'écrie :

— Ah ! je savais bien, moi, que c'était une plaisanterie... A l'autre joue, maintenant ?

M. Plantureau, qui aperçoit sa femme très occupée à frotter le visage du jeune Bélatout, lui crie :

— Eulalie, que faites-vous donc à monsieur Eugène ?

— Je le frotte, mon ami, je lui rends sa couleur primitive... On s'était amusé à le barbouiller de blanc. C'est sans doute son ami Marcelin qui lui avait fait cette plaisanterie. Voyez, il n'y paraît plus !

— Jolie plaisanterie, dit Mᵐᵉ Boulinot, se mettre en paillasse pour recevoir sa société !...

— D'autant plus ridicule, ajouta la veuve Fleurinard, que nous ne sommes pas en carnaval.

— Je crois qu'il est encore gris ! dit à demi-voix M. Grandbec.

Mˡˡᵉ de Boissalé trouve le jeune homme infiniment mieux depuis qu'il n'est plus blême, et elle pousse sa tante afin que celle-ci ouvre un œil pour le voir.

M. Boulinot regarde Eugène d'un air goguenard, en lui disant :

— Eh bien ! est-ce passé ?

— Quoi donc ?

— Les fumées bachiques !

— Moi, je n'ai jamais été gris ! Si j'ai fait semblant, c'était pour me moquer de vous.

— Oh ! je ne donne pas là-dedans... Et cette idée de vous présenter ce soir en tête de paillasse me fait croire que vous n'avez pas encore toute votre raison !

— Pour vous prouver le contraire, si vous le voulez, je vais vous gagner votre argent à l'écarté !

— Une partie d'écarté? oh ! je le veux bien !... mais vous allez vous faire rosser, jeune homme, car je suis de première force à ce jeu-là !...

— C'est ce que nous verrons, je sais jouer aussi... Tenez, voilà une table qui nous tend les bras.

Eugène et le gros Boulinot se placent à une table de jeu sur laquelle sont des cartes. Tout en battant un jeu, Eugène sort de sa poche une pièce de cinq francs qu'il jette sur le tapis; de son côté, M. Boulinot, après avoir fouillé longtemps dans ses goussets, réunit cinq sous qu'il pose devant lui en disant :

— Allons, le grand jeu !... Tant pis... ce n'est pas tous les jours fête... Vous n'avez pas de monnaie; mais je vous changerai.

Eugène regarde les cinq sous étalés sur la table :

— Comment... que mettez-vous donc là au jeu?

— Cinq sous. Cela vous semble peut-être beaucoup, mais, moi, j'aime à intéresser le jeu...

— Beaucoup, cinq sous?... c'est une plaisanterie, sans doute ! C'est cinq francs que nous jouons.

— Cinq francs ! y pensez-vous, jeune homme ? Jouer cinq francs la partie !... jamais cela ne m'est arrivé...

— Eh bien ! cela vous arrivera aujourd'hui... une fois n'est pas coutume.

— Cinq francs ! mais, alors, autant aller dans une maison de jeu, à une roulette !

— Il n'est pas question de roulette, puisque nous allons jouer à l'écarté ; ce jeu-là n'amuse un peu que quand il est intéressé...

— Monsieur, je ne joue pas cinq francs, moi !

— Oh ! c'est différent, monsieur Boulinot, si vous avez peur de perdre, et si vos moyens ne vous le permettent pas !... Alors ne jouons pas.

En piquant l'amour-propre de quelqu'un, on est toujours certain de l'amener à son but. Aussi, M. Boulinot s'écrie-t-il :

— Monsieur, mes moyens me permettent assurément de jouer gros jeu ; si je vous refusais, c'est que je ne voulais pas vous gagner votre argent !... Mais, puisque vous y tenez tant, jouons cinq francs ! si vous perdez ! ce sera votre faute.

— Oh ! qu'à cela ne tienne, monsieur Boulinot, je suis très beau joueur, moi, je ne me plains pas quand je perds?

— C'est ce que nous allons voir, monsieur.

La partie s'engage. M. Boulinot, qui n'a jamais joué plus de cinq sous, tremble en donnant les cartes et joue tout de travers ; il perd la partie.

— Votre revanche? dit Eugène.

— Oui, monsieur, oui certes, je l'espère bien... ma revanche

Cependant, Grandbec qui a vu des pièces d'or sur la table, s'empresse d'aller dire à tout le monde :

— On joue un jeu d'enfer à l'écarté... la table est couverte d'or ..

— Pas possible !...

— Oh ! il faut voir cela.

— Comment, mon mari joue de l'or !... dit M\ue Boulinot, en courant à la table d'écarté, où elle pousse son époux :

— Monsieur Boulinot, c'est sans doute une plaisanterie.... Tu ne joues pas cent sous à la fois?

M. Boulinot, qui est en train de perdre la seconde partie, repousse sa femme en lui disant :

— Laisse-moi tranquille... ne viens pas me troubler... Tu me portes malheur... Tu es cause que j'ai refusé des cartes... et j'ai encore perdu... Ma revanche, monsieur?

— Oh ! tant que vous voudrez, monsieur !

M. Belatout s'approche de la table d'écarté. Il voit le gros Boulinot tout en nage, rouge comme un homard et qui roule des yeux effarés, en murmurant :

— Perdu !... encore perdu !... ça fait quinze francs... ça fait plus... non... ça fait quinze francs !...

— Qu'est-ce que vous dites donc, Boulinot, vous perdez quinze francs ?... J'espère que c'est quinze sous que vous voulez dire... on n'a jamais perdu quinze francs chez moi !

— Eh bien ! votre fils me les gagne ce soir. Il m'a engagé dans une partie... il m'a entraîné !... j'ai eu la faiblesse de consentir... Je perds tout mon argent !... monsieur Eugène, je joue dix francs, cette fois...

— Tout ce que vous voudrez, cher monsieur, quitte ou double si vous voulez ?...

— Eh bien ! soit !... Quitte ou double !...

— Comment! mon mari va jouer quinze francs à la fois! s'écrie Mᵐᵉ Boulinot, mais c'est affreux! c'est une horreur! monsieur Belatout, arrachez-leur les cartes des mains.

En vain M. Belatout veut mettre fin à la partie, Boulinot, qui espère se rattraper d'un coup, se fâche lorsqu'on veut l'empêcher de continuer. On est obligé de laisser les joueurs libres... Tout le monde se presse et entoure la table pour regarder cette partie si intéressante. Marcelin et Diana sont les seuls qui ne s'occupent pas du jeu ; mais le jeune homme dit en soupirant :

— Votre frère n'arrange pas bien les affaires ce soir!... N'importe, demain, je parlerai à monsieur votre père, car je veux que mon sort se décide.

Autour de la table de jeu règne un silence imposant ; on craint de parler, de souffler, tant on a peur de perdre de vue la partie : on croirait que le sort de la ville dépend de cette partie d'écarté.

M. Boulinot a trois points et son adversaire n'en a pas encore. Il semble que la respiration lui revienne, il regarde autour de lui d'un air presque triomphant. Et toutes les dames vont dire à sa femme, qui est étalée dans une bergère, d'où elle n'ose pas regarder les joueurs:

— Votre mari a trois points!...

— Trois points... et l'autre?

— M. Eugène n'en a pas un seul.

— Alors, mon mari a gagné?

— Pas encore, mais cela ne peut tarder.

Cependant, le coup suivant, Eugène a le roi et fait la vole, ce qui égalise les chances. M. Boulinot redevient farouche et n'a plus de salive. La partie s'achève, et c'est encore le fils du maître de la maison qui est vainqueur.

M. Boulinot est un moment comme anéanti, puis il se lève tout d'une pièce en criant à sa femme d'une voix caverneuse :

— Madame Boulinot, prenez votre châle et partons...

— Oui, mon ami.

— Comment, vous partez déjà? dit M. Belatout. Mais il n'est pas bien tard...

— Déjà! merci!... je suis bien fâché de ne pas être parti plus tôt! Je perds trente francs!... C'est une soirée dont je me souviendrai toute ma vie !... Trente francs !... Quelle leçon !... Allons, madame, dépêchez-vous donc, j'ai besoin de prendre l'air.

M. Boulinot entraîne plutôt qu'il n'emmène sa femme.

— Il est très mauvais joueur! dit Eugène, il a perdu, mais il aurait pu gagner ; et moi je n'aurais pas eu pour cela la figure bouleversée...

— Mon fils, dit M. Belatout, je suis très mécontent de votre conduite!... Je ne vous laisserai plus jouer qu'au loto!...

— Merci, je préfère le bilboquet.

La société ne tarde pas à suive l'exemple des Boulinot. On part et chacun fait ses commentaires sur la soirée qui vient de se donner chez M. Belatout.

— Je n'y retournerai plus! dit la veuve Fleurinard, je n'aime pas les jeunes gens qui se grisent!...

— Venir en paillasse! dit Mlle de Boissalé, cela ne se comprend pas. Ce jeune homme est toqué.

— Faire perdre trente francs à l'écarté!... fi! quelle vilaine maison!

— C'est-à-dire que c'est une maison de jeu!...

— Un tripot!... Je n'y mettrai plus les pieds

VIII

TOUT SE BROUILLE

Eugène, aussitôt après le départ de la société, s'est hâté d'aller se coucher pour éviter les réprimandes de son père. Mais, le lendemain, il n'y a pas moyen de s'y soustraire, et M. Belatout, dont le front annonce des dispositions sévères, fait venir son fils dans son cabinet et lui dit :

— Eugène, je suis fort mécontent de vous !

— Pourquoi donc cela, mon père ?

— Vous me demandez pourquoi? il me semble que vous devriez le deviner! quelle a été votre conduite hier, devant ma société!... D'abord, vous vous permettez dans la conversation des expressions du plus mauvais ton, vous employez le langage argot !... Et devant des dames !

— C'était pour rire, pour égayer un peu vos convives qui n'avaient pas l'air de s'amuser du tout.

— Monsieur, on ne s'amuse pas de cette manière-là !... d'ailleurs, dans la bonne compagnie, il n'est pas absolument nécessaire de s'amuser. Vous avez dit *zut* à la société !...

— Vous croyez que j'ai dit *zut?*

— J'en suis parfaitement sûr... M. Grandbec en a même été scandalisé.

— Encore un joli oiseau que votre Grandbec!... C'est un *gâteux !*

— Comment dites-vous?

— Je dis : c'est un *gâteux*, ou, si vous aimez mieux, c'est un imbécile, un idiot, un de ces êtres qui ne sont bon à rien qu'à ennuyer les autres.

— Mon fils, respectez un jeune homme modèle de sagesse, et qui sera votre beau-frère.

— Mon beau-frère! vous uniriez ma sœur, si gentille, à ce cormoran!... Ah! pas possible, vous plaisantez?...

— Non, monsieur, je ne plaisante pas. Mais revenons à votre : *zut!* Qu'est-ce que ce que cela signifie, *zut?*

— Cela signifie : vous me *bassinez*, ou vous m'ennuyez, ou plutôt vous m'embêtez!...

— Ainsi vous avez dit à ma société qu'elle vous embêtait!... C'est poli!... Voilà un joli langage pour un jeune homme bien élevé!.

— Mon père, cela échappe une fois, quand on est monté, mais cela ne se dit pas toujours.

— C'est dommage!... Ensuite, au dîner, vous vous grisez complétement!...

— C'était pour faire honneur à votre vin, qui est excellent.

— Certainement qu'il est excellent, mais ce n'est pas une raison pour en boire trop! Passons. Vous allez fumer. Vous restez près de deux heures absent; quand vous revenez à ma réunion, vous avez la figure couverte de blanc, au point de faire peur aux dames; Mme Fleurinard a manqué de se trouver mal!

— Ceci est la faute de Friquette, qui avait mis de la farine dans l'eau avec laquelle je me suis débarbouillé!..

— Soit! mais vous provoquez M. Boulinot au jeu de l'écarté et vous le poussez à jouer cent sous!... Jouer cent sous chez moi! cela n'était jamais arrivé!... Quelle réputation allez-vous donner à ma maison!... On dira . « Il ne faut plus aller chez M. Belatout, c'est une maison de jeu... On y perd des trente francs dans sa soirée!... On finira par y envoyer la police!... »

— Mon Dieu! cher père, je ne savais pas que chez vous on jouait si petit jeu!... Au reste, si j'ai provoqué votre M. Boulinot, c'est qu'il me fait l'effet d'un ladre, d'un cancre, qui veut faire de l'embarras, ne trouve rien de bon chez les autres, mais au fond n'est qu'un avare et un grippe-sou!

— Certainement, je ne suis pas fâché que Boulinot ait perdu trente francs... il a bien le moyen de perdre, mais seulement je suis fâché que l'on ait joué si gros jeu chez moi. Maintenant que je t'ai dit tout ce que j'avais à te reprocher dans ta conduite d'hier, je veux bien l'oublier et

t'excuser, mais à condition que tu vas désormais être sage, rangé...
cesser tes folies de garçon, et te marier; c'est le meilleur moyen pour
qu'un homme ne pense plus au plaisir...

— Ah! vous voulez me marier?...

— Oui, et je t'ai trouvé ce qu'il te faut.

— Vraiment!... Ce n'est pas la veuve Fleurinard, j'espère?

— Non, oh! sois tranquille, ce n'est pas une veuve, c'est une
demoiselle, une vraie demoiselle!

— Bien gentille, bien faite?

— Il ne s'agit pas de beautés..... Qu'est-ce que la beauté? un avantage qui passe tous les jours et finit par disparaître tout à fait...

— Oui, au bout d'une vingtaine d'années.

— Mais l'argent, mon garçon, mais les biens, cela ne disparaît pas
avec le temps; au contraire, cela augmente, cela fait des petits!

— Une jolie femme aussi fait des petits. Enfin, cette future, où est-
elle?

— Tu l'as vue hier au soir à ma réunion.

— Hier... je n'ai pas remarqué de demoiselles... Il y avait bien les
petites Triffouille, mais elles sont trop enfants!...

— Celle que je te destine, Eugène, je t'en ai déjà parlé hier...
Tu l'as donc oublié? C'est Mⁿᵉ de Boissalé...

— Mⁿᵉ de Boissalé!... Cet horrible monstre contrefait..? qui a
des yeux glauques!... un teint de pain d'épice!... Allons! vous voulez
rire?

— Nullement, c'est très sérieux. Mⁿᵉ de Boissalé a vingt mille francs
de rente... c'est joli, cela!...

— Ça ne lui ôte pas sa bosse!

— On n'est pas obligé d'être amoureux de sa femme.

— Tant pis, cela rendrait les ménages plus unis.

— J'ai déjà tâté la tante de Mⁿᵉ de Boissalé à ton sujet... Tu lui vas.

— Tâtez la tante tant que vous voudrez, moi, je ne veux pas tâter
la nièce. Voyons, mon père, regardez-moi un peu : je ne suis pas beau!...
oh! quoique votre fils, vous devez convenir que je ne suis pas un Adonis...
Ceci n'est nullement de votre faute, et je ne vous en veux pas de m'avoir
fait si laid. Mais vous voulez me marier à une femme difforme et encore
plus laide que moi! Songez donc à ce qui en résulterait? nous ferions des
monstres; nos enfants seraient si repoussants qu'à l'âge de six mois on serait obligé de leur mettre un masque.

— Mon fils, vous dites des bêtises. Des parents fort vilains ont
souvent eu des enfants magnifiques, ceci est un jeu de la nature auquel

Adieu, Marcelin, je t'écrirai, tu m'écriras, nous nous écrirons... (P. 68.)

nous ne connaissons rien. Je vous répète que j'ai décidé votre mariage avec Mlle de Boissalé, et qu'il se fera.

— Je suis désolé de ne pouvoir vous être agréable, mais je n'épouserai jamais cette boscotte que j'ai vue hier.

— Je vous dis que vous l'épouserez !

— On ne marie pas les gens de force, je ne l'épouserai pas !

— Alors je vous abandonne, je vous retire mes bontés, je ne vous donne pas un sou... Je ne fais plus rien pour vous... Ah ! si, je vous mets à la porte.

— Tout cela vaut mieux que d'épouser la Boissalé.

— Je vous donne vingt-quatre heures pour réfléchir.

— Merci, je n'en demande pas tant.

— Demain, j'espère vous trouver plus raisonnable.

— Demain, tu ne me trouveras pas du tout ! se dit Eugène en quittant vivement le cabinet de son père.

M. Belatout, resté seul, se félicite d'avoir montré du caractère et se dit.

— Mon fils réfléchira, il finira par comprendre que vingt mille francs de rente peuvent bien effacer une bosse... Mlle de Boissalé n'est pas belle, c'est vrai !... mais on n'est pas obligé de regarder sa femme souvent... Il y a même des jours où on ne la regarde pas du tout Quand on est riche, on va à la chasse... à toutes sortes de chasses, et on n'emmène pas sa femme.

Il n'y a pas longtemps que M. Belatout est seul, lorsque Jacquet vient lui dire que M. Marcelin Nigelle demande à lui parler.

— Est-ce qu'il apporte encore des truites ?

— Non, monsieur... il ne tient que sa canne.

— Fais-le entrer.

— Oui, monsieur... Ah ! à propos, monsieur, je suis allé hier au soir dans tous les cafés, je n'y ai pas trouvé monsieur votre fils.

— Imbécile !... est-ce que tu ne sais pas que mon fils est revenu ?

— Si, mais vous ne savez toujours pas où il était hier, le soir... il était avec Friquette dans un coin de la cuisine...

— Tais-toi, et va dire à M. Marcelin qu'il peut entrer...

— Friquette riait beaucoup en lui jetant de l'eau à la figure ..

— Veux-tu faire ce que je te dis !...

— Oui, not' maître. C'est égal, Friquette lui a manqué de respect !

Marcelin entre dans le cabinet où M. Belatout est assis devant son bureau et reçoit assez gravement celui qui vient le visiter ; cependant il lui indique un siège, en lui disant :

— Vous avez quelque chose à me demander, monsieur Marcelin.

Asseyez-vous, je vous écoute... Ah! je viens de laver la tête à mon fils pour sa conduite d'hier; a-t-il été assez inconvenant avec ma société?... Envoyez donc les jeunes gens à Paris, ils en reviennent gentils!

— Monsieur, Eugène est très étourdi, il aime à rire, à plaisanter, mais, au fond, c'est un excellent garçon... ses défauts tiennent à son âge... il faut faire la part de la jeunesse...

— Monsieur, vous me permettrez de vous dire que j'ai été jeune aussi, et je n'ai jamais bronché... Je ne me suis jamais amusé!... il est vrai qu'on m'a marié fort jeune. Mais arrivons à ce que vous avez à me dire...

— Monsieur..., c'est quelque chose de bien important... et de votre réponse va dépendre le bonheur ou le malheur de toute ma vie.

— En vérité?...

— Monsieur, j'aime ou plutôt j'adore Mlle Diana, votre fille, j'ai huit mille francs de rente, je suis reçu docteur, et je viens vous demander sa main.

M. Belatout fronce les sourcils, se pince les lèvres et répond enfin d'un ton fort sec:

— Désolé, monsieur, de ne pouvoir faire le bonheur de votre vie. Mais ma fille ne sera pas votre femme, car je la destine à un autre...c'est une affaire à peu près arrangée.

— Ah! monsieur, de grâce, revenez sur cette résolution!... Mademoiselle votre fille ne saurait aimer ce M. Grandbec, que vous lui destinez?

— Ah! vous savez que c'est Grandbec que je lui destine? Eh bien! oui, monsieur, c'est Grandbec! Et pourquoi donc Diana ne pourrait-elle l'aimer?... Grandbec est jeune, il n'est pas contrefait... il n'a pas le genre des jeunes gens de Paris, et c'est justement pour cela qu'il me convient.

— Mais enfin, monsieur, si un autre... moi, par exemple, avait eu le bonheur de plaire à mademoiselle votre fille?...

— Ce n'est pas possible, ma fille est trop bien élevée pour se permettre de remarquer quelqu'un. D'ailleurs, à son âge, on accepte le mari que vous donne votre père... on le prend les yeux fermés!

— En effet, il faudrait fermer les yeux pour consentir à épouser votre M. Grandbec!

— Vous en voulez bien à ce garçon. Mais écoutez ceci, monsieur Marcelin : lors même que je ne destinerais pas ma fille à Grandbec, je ne vous refuserais pas moins pour gendre!...

— Mon Dieu, monsieur, pourquoi cela? et qu'ai-je donc fait pour que vous me traitiez ainsi?

— Ce que vous avez fait?... Tout! tout ce qu'il ne faut pas faire!...
A Paris, vous ne quittiez pas mon fils, vous étiez de toutes ses parties de
plaisir, vous partagiez ses folies, que dis-je!... vous l'entraîniez à en faire :
on m'a très bien renseigné à cet égard...

— Oh! non, monsieur.

— Vous aimez le jeu, le vin, les femmes...

— Comme tout le monde!...

— Mais non, monsieur, pas comme tout le monde, puisque je n'ai
jamais eu ces défauts-là, moi?...

— Mon Dieu! monsieur, vous les auriez eus peut-être, si vous aviez
vécu à Paris au lieu de vous marier tout jeune et de rester à Bar-le-Duc!

— Non, monsieur, je suis un second saint Antoine, je défierais la
tentation!

— D'ailleurs, si j'ai fait de ces folies qu'on fait dans sa jeunesse,
maintenant je suis sage, rangé...

— Oui, oui, fiez-vous-y!... Mais autre chose, bien pis que tout le
reste! vous avez eu un duel... vous vous êtes battu en duel!...

— Eh bien! monsieur, ce n'est pas un crime.

— Pas un crime!... c'est bien pis, vraiment! aller de sang-froid se
battre avec quelqu'un... qu'on ne connaît pas quelquefois... risquer de
tuer ou de se faire tuer... c'est indigne!

— Mais, monsieur, il y a pourtant des cas où il est impossible de ne
point se battre...

— Non, il n'y en a pas.

— Quand on a été insulté...

— On méprise cela!

— Provoqué...

— On n'écoute pas!

— Frappé!

— On va chercher quatre hommes et un caporal, on fait arrêter celui
qui nous a frappé.

— Oh! non, monsieur, entre gens bien élevés, ce n'est pas ainsi que
cela se passe.

— Je vous répète, monsieur Marcelin, que j'ai le duel et les duellistes
en horreur!

— Mais je ne suis pas duelliste.

— Si, puisque vous vous êtes battu. Enfin, retenez bien ceci : jamais
un homme qui s'est battu en duel n'entrera dans ma famille! jamais!
jamais!... C'est une résolution sur laquelle je ne reviendrai pas. A présent, vous avez ma réponse, je crois qu'il est inutile que nous prolongions

cet entretien. Je dois aussi vous dire qu'il sera convenable de cesser de
venir chez moi. Vous vous figurez que ma fille vous aime, je n'en crois
rien, mais c'est égal, je dois couper court à vos relations. Bonjour, monsieur Marcelin, quand Diana sera mariée, si vous voulez alors m'apporter
des truites, je vous recevrai avec plaisir.

Marcelin a quitté M. Belatout, le cœur serré, la poitrine oppressée.
Dans le vestibule, il trouve Friquette qui attendait le résultat de cet
entretien pour aller en faire part à sa jeune maîtresse, qui était aussi bien
impatiente de connaître la réponse de son père. Dès qu'elle aperçoit le
pauvre amoureux, Friquette devine bien que sa demande a été mal reçue.

— Ah! ma bonne Friquette, je suis au désespoir, dit Marcelin.
M. Belatout me refuse sa fille, qu'il veut marier à cet affreux Grandbec!...
Il ne me laisse aucun espoir, car, lors même qu'il ne la donnerait pas au
Grandbec, il me la refuserait encore, et tout cela parce que je me suis
battu en duel!...

— Pauvre jeune homme!... c'est mademoiselle qui va être désolée!

— Et ce n'est pas tout! Comme je lui ai dit que je ne déplaisais
pas à sa fille, M. Belatout me défend de revenir ici avant qu'elle soit
mariée.

— Quelle bêtise!... comme si vous auriez envie d'y venir après!

— Tiens, Friquette, je n'ai plus qu'à mourir... j'ai envie d'aller
rejoindre les truites!

— Par exemple, ne faites pas une chose comme cela! Se tuer! c'est
alors qu'il n'y a plus d'espoir! mais vivant, il y en a toujours. Moi, je
vous dis que vous épouserez mam'zelle Diana... je l'ai mis dans ma tête et
je suis obstinée aussi!...

— Comment espères-tu changer la volonté de ton maître?

— Sa volonté!... ah! je l'ai déjà fait tourner bien des fois... sans
qu'il s'en doute!... Mais j'oubliais de vous dire que votre ami, M. Eugène,
vous attend au café du coin.

— Il me faut partir... sans voir Diana! Et quand la verrai-je maintenant qu'on m'a fermé la porte de cette maison?

— Bah! quand la porte est fermée, il y a les fenêtres; et puis, est-ce
que nous n'avons pas notre piston, dont nous jouerons quand nous serons
seules?...

— Ah! Friquette, tu me rends un peu d'espoir!...

— Ayez-en beaucoup, et ne vous désolez pas; allez trouver monsieur Eugène; moi, je vais tâcher de consoler un peu mam'zelle.

— Tu lui diras que je l'aime toujours, plus que jamais... que je
n'en aimerai jamais d'autre, que...

— C'est bien, c'est bien! je devine ce que vous diriez; avec les amoureux, c'est toujours la même chanson... Filez vite, il ne faut pas que M. Belatout vous voie ici maintenant. Il faut toujours qu'il croie qu'on lui obéit promptement.

Marcelin court rejoindre son ami Eugène, auquel il fait part du résultat de son entrevue avec M. Belatout.

— Je n'en suis pas surpris, dit Eugène; mon père veut absolument introduire des monstres dans notre famille!...

— Il me refuse à jamais, parce que j'ai eu un duel... Ah! quelle idée! je vais trouver Grandbec, je l'insulte, je le provoque, je le force à se battre, et ton père, qui ne veut pas pour gendre d'un homme qui s'est battu en duel, ne lui donne plus sa fille.

— Mauvais moyen, mon ami; et impraticable d'abord, parce que le Grandbec ne se battra pas, tu peux en être certain.

— Comment donc faire?

— Attendre un temps plus favorable. Quant à moi, comme mon père m'a dit qu'il me fermait sa maison, j'en profite pour m'en retourner à Paris...

— Que me dis-tu là! tu veux partir?

— Dès aujourd'hui; viens avec moi.

— Oh! non, je ne veux pas m'éloigner de ta sœur.

— Eh bien! tu m'écriras, je t'enverrai mon adresse, car je ne sais pas où je logerai.

— Quoi! tu pars dès aujourd'hui?...

— Oui, cher ami, j'ai dit à Jacquet de me faire ma valise et de me l'apporter ici. Tiens! le voilà qui arrive... Je vais lui donner le petit mot pour mon père dans lequel je lui fais mes adieux. J'ai mon joli billet de mille francs que j'ai fort peu écorné ici; j'ai les trente francs que j'ai gagnés à ce poussah de Boulinot!... O joie! ô délices!... je vais revoir Zozinette, qui fume par le nez, et mon ami Spitermann. Tu ne connais pas mon ami Spitermann!

— Non, qu'est-ce que c'est que celui-là?

— Un baron allemand fort original, qui est venu à Paris pour être aimé pour lui-même et trouver une femme fidèle.

— En voilà une idée allemande!

— Comme il est riche! comme il est toujours disposé à offrir aux dames des cadeaux, des dîners, des voitures, des parties de plaisir... il n'a que l'embarras du choix : toutes les femmes l'adorent pour lui-même!...

— Et que fais-tu avec ce baron?

— Quand on se moque un peu trop de lui, je lui ouvre les yeux; car vraiment c'est un fort bon enfant! Et puis, il veut toujours régaler, c'est une connaissance très agréable. Jacquot, prends cette valise et porte-la avec moi jusqu'au chemin de fer.

— Monsieur veut que je le porte avec la valise?

— Ah! quel jobard tu fais!... Prends la valise et suis-moi. Adieu, Marcelin, je t'écrirai, tu m'écriras, nous nous écrirons...

— Tu pars sans embrasser ta sœur?

— Mon père m'a mis à la porte... je vais l'embrasser, ce sera la même chose. Au revoir!... Si tu t'ennuies trop ici, viens me trouver à Paris, je te ferai faire la connaissance de Spitermann.

Eugène embrasse Marcelin et s'éloigne, suivi de Jacquot, qui se dit.

— Quoi! notre jeune maître est arrivé avant-hier, et il repart aujourd'hui!... Il ne peut donc pas se tenir tranquille!

IX

FRIQUETTE COMMENCE A AGIR

M. Belatout, dans un mouvement de colère, avait bien dit à son fils qu'il lui fermerait sa maison s'il ne consentait pas à épouser Mlle de Boissalé, mais, dans le fond, il n'avait nullement l'intention de renvoyer Eugène de chez lui, et, lorsqu'à l'heure du dîner il n'aperçoit pas son fils, il fait venir Friquette et lui dit :

— Avertissez mon fils qu'il est temps de descendre... que nous allons nous mettre à table... Pourquoi ma fille n'est-elle pas descendue?... Est-ce qu'il faudra aussi l'envoyer chercher, celle-là?

Friquette fait une petite mine, moitié triste, moitié craintive, en répondant :

— Mam'zelle n'a pas envie de dîner...

— Pourquoi cela? Est-ce qu'elle est malade?

— Je ne sais pas si elle est malade, mais je sais qu'elle pleure au point qu'elle en a les yeux tout bouffis!...

— Elle pleure, Diana? Et pourquoi pleure-t-elle?

— Ah! dame, monsieur, je crois que c'est parce qu'elle a du chagrin.

— Du chagrin! quel chagrin?

— Je ne sais pas, not'maître; seulement, quand M. Marcelin est parti tantôt, après avoir jasé avec vous, il a rencontré mam'zelle en bas et lui a dit : « Adieu, mam'zelle, je ne vous reverrai plus jamais! jamais!... »

Diana vient à une croisée du rez-de-chaussée, et, là, peut causer quelque temps avec celui qu'elle aime. (P. 75.)

et mam'zelle lui a répondu : « Mais pourquoi?... mais pourquoi? » et, là-dessus, il a repris...

— Assez, Friquette, je sais ce que M. Marcelin a pu lui dire. Si c'est cela qui cause du chagrin à mademoiselle ma fille, ce n'est pas dangereux. Caprice de fillette!... Dans quelques jours elle n'y pensera plus. Allez avertir mon fils.

Au moment où Friquette se dispose à obéir à son maître, Jacquet
entre dans la salle à manger, tenant à sa main la lettre d'Eugène qu'il
présente à M. Belatout en lui disant :

— Voilà le moment.... vous allez vous mettre à table... je peux vous
donner cette lettre....

— De qui tiens-tu cette lettre, imbécile?

— De monsieur vot'fils, not'maître.

— Il vient donc de te la remettre à l'instant?

— Oh! non, il y a plus de deux heures qu'il me l'a remise!

— Comment, drôle! et tu ne me l'as pas apportée sur-le-champ?

— Ah! non, M. Eugène me l'avait défendu; il m'a dit : « Tu ne
remettras ce billet à mon père qu'à l'heure où il se met à table... »

— Qu'est-ce que tout cela signifie?...

M. Belatout se hâte d'ouvrir la lettre de son fils qui ne contenait que
ces mots :

« Adieu, cher père, vous me fermez votre maison, parce que je ne
veux pas épouser une bossue. J'y reviendrai quand Mlle de Boissalé posera
pour une *Hébé*. En attendant, je retourne à Paris.

« Votre bien affectionné fils,

« EUGÈNE BELATOUT. »

M. Belatout froisse avec colère la lettre dans ses mains, puis la jette
à terre en s'écriant :

— Ah! monsieur mon fils, voilà comme vous écoutez votre père!...
Il est parti!... Il est retourné à Paris!... Eh bien, qu'il y reste, dans son
Paris, qu'il ne revienne plus ici.... il fera bien!... Tant mieux! je me suis
débarrassé d'un mauvais sujet!...

Et, en allant se mettre à table, M. Belatout crie : « Qu'on me serve! »
du même ton qu'il dirait : « Qu'on me pende. »

Friquette s'empresse d'apporter le potage, dont son maître mange à
peine quelques cuillerées, puis il s'arrête en murmurant : — Dîner seul,
quand on devrait être entre son fils et sa fille!...

— Si ça ennuie monsieur de dîner tout seul, s'écrie Jacquet; moi,
je ne demande pas mieux que de dîner avec monsieur!...

M. Belatout lance à son domestique un regard courroucé, puis lui
dit :

— Où était mon fils quand il t'a donné cette lettre?

— Au café, sur la place.

— Et qu'allais-tu faire là, toi?

— J'allais porter à M. Eugène sa valise, qu'il m'avait dit de lui faire.

— Pourquoi as-tu fait cette valise sans me prévenir, sans me rien dire?

— Dame! M. Eugène m'avait dit : « Mon père me chasse... fais vite ma valise... fourre tous mes effets dedans... » Moi, j'ai obéi... je ne pensais pas que vous vouliez garder les habits de votre fils.

— Va-t'en! tu es un âne!...

Jacquet s'en va en murmurant : — Un âne! un âne! qu'ils essayent donc de monter sur moi! je les jette par terre!

Friquette continue de servir son maître tout en lui disant d'une petite voix flûtée :

— Monsieur ne mange pas?... Monsieur n'a donc pas faim?

— Non, je n'ai pas faim!... Mlle Diana a donc résolu de ne pas descendre?

— Si monsieur le veut, je vas dire à mam'zelle que vous désirez qu'elle vienne.

— Pour que je l'entende pleurnicher et soupirer! Ce n'est pas la peine... Je me passerai de sa compagnie... Eh! mais... qu'est-ce que j'entends?... N'est-ce pas le piston? Oui, c'est ma fille qui joue son air favori : *Il faut quitter Marie*! Il paraît qu'elle n'est pas aussi chagrine que tu veux bien le dire.

Friquette, qui ne comprend pas pourquoi sa jeune maîtresse joue du piston en ce moment, se hâte pourtant de répondre :

— C'est pour se distraire que mam'zelle aura pris son instrument... et aussi pour être agréable à monsieur.

— Ah! tu crois que c'est pour m'être agréable que ma fille joue du piston maintenant, au lieu de descendre dîner?

M. Belatout, qui commence à avoir des soupçons, court à une fenêtre donnant sur la rue, l'ouvre, et aperçoit Marcelin planté devant sa maison, les yeux fixés sur les fenêtres de la chambre de Diana et portant sa main sur son cœur. En apercevant le père de celle qu'il aime paraître à une croisée du rez-de-chaussée, l'amoureux se sauve, et le piston se tait.

— Ah! c'est pour moi que ma fille joue du piston!... dit Belatout, et cela fait venir M. Marcelin sous sa fenêtre... Allons! je vois que cela va bien... Je ne voulais marier Diana à Grandbec que dans six mois, je vais faire en sorte qu'elle soit sa femme dans six semaines. Friquette, tu avertiras ta maîtresse que je ne veux plus entendre son piston.

Friquette est montée dans la chambre de la jeune fille :

— Mon Dieu, mam'zelle, quelle idée vous a donc prise de jouer du piston pendant que votre papa est à la maison!... Ça lui a paru drôle, d'autant plus que je venais de lui dire que vous ne descendiez pas dîner parce que vous étiez malade ; il a été tout de suite regarder à une croisée, et il a vu M. Marcelin qui faisait le télégraphe en lorgnant la vôtre.

— Ah ! vois-tu, Friquette, je m'ennuyais trop ! M. Marcelin est parti ce matin sans que je le voie... je voulais l'apercevoir un petit peu ce soir...

— Mais il fallait attendre.

— Attendre quoi ? Il n'est pas dit que mon père sortira ce soir... Je le croyais en train de dîner, je pensais qu'il ne ferait pas attention au piston.

— Ah ! comme vous devenez imprudente ! Vous d'ordinaire si timide !...

— On me laisse toute seule... mon frère même ne vient pas me voir !...

— Votre frère ! vous auriez belle à l'attendre ! M. Eugène est parti pour Paris !

— Parti ! mon frère est parti... sans me dire adieu, sans m'embrasser... Ah ! que c'est vilain !

— C'est vrai qu'il aurait bien pu au moins nous embrasser avant de s'en aller ! Mais M. Belatout lui avait dit qu'il le chasserait de chez lui, s'il ne consentait pas à épouser M\ue de Boissalé ; et comme M. Eugène ne veut pas épouser la bossue, il est parti tout de suite.

— Et si je ne veux pas, moi, épouser cet affreux cormoran de Grandbec, mon père me chassera donc aussi ?

— Oh ! les jeunes filles... ça ne se renvoie pas comme les garçons

— Pourquoi donc est-il amoureux de moi, ce M. Grandbec ? Je lui réponds à peine quand il me parle !...

— Hum ! je ne sais pas s'il est bien amoureux de vous, mais quand je lui portais à boire dans la soirée d'hier, je sais qu'il me regardait... d'une drôle de façon !...

— De quelle façon donc, Friquette ?

— Dame, je ne sais pas trop comment vous expliquer ça... Il me faisait des yeux... comme si...

— Comme si quoi ?

— Comme s'il avait eu envie de me dire des bêtises.

— Des bêtises ? mais il n'a dit que ça pendant le dîner !

— Oh ! mais, c'est pas des bêtises de ce genre-là que j'entends !... c'est des choses pour rire... des cajoleries...

— Bah ! tu crois que M. Grandbec voudrait te cajoler ?...

— Voyez-vous, mam'zelle, ces hommes qui regardent toujours en dessous, quand ils se mettent à vous regarder en dessus... c'est à vous faire reculer !... on croirait qu'ils veulent vous croquer.

— Qu'il s'avise de me regarder en dessus, moi, et je lui ferai d'horribles grimaces. Mon frère est parti, M. Marcelin ne peut plus venir, mon père ne veut plus que je joue du piston! Ah! Friquette, je suis bien malheureuse!...

Et Diana se remet à sangloter, quoique sa petite bonne fasse tout son possible pour la consoler, en lui disant :

— Ne vous désolez donc pas, mam'zelle, nous trouverons des moyens pour changer tout cela.

Le lendemain, M. Belatout, qui n'avait rien dit à sa fille, et s'était contenté de lui parler avec froideur, voit dans la journée arriver son ami Plantureau, qui lui dit :

— Je viens te faire mes adieux, cher ami, et te demander si tu as des commissions pour Paris.

— Comment! qu'est-ce à dire? tu vas à Paris, toi?

— Je pars demain matin.

— Mais pour peu de temps, tu reviens bientôt?

— Oh! ce n'est pas certain... on ne sait pas! J'y vais cette fois pour une affaire très importante, une grande affaire... et dame, les grandes affaires, cela ne se fait pas aussi vite qu'on le voudrait!

— Encore quelque chose que tu as inventé?

— Je crois bien! cette fois, mon succès aura du retentissement. Il s'agit d'empêcher les accidents en chemin de fer.

— Ah! ce serait une bien bonne chose!... Si tu as trouvé un moyen sûr pour garantir les voyageurs de tous dangers, tu mérites une belle récompense.

— Oui, certes, je la mérite... Figure-toi que j'ai trouvé... mais non, tu pourrais en parler... ébruiter mon secret...

— Ne me le dis pas, cela vaudra beaucoup mieux...

— Si, pourtant, je veux que tu sois étonné de la simplicité et de l'efficacité de mon moyen...

— Non, non, je serai étonné plus tard; mais j'aime mieux ne rien savoir d'avance.

— Et, moi, je veux que tu le saches.

— Si tu dis ton secret à tout le monde, on te le volera.

— Tu n'es pas tout le monde, toi!

— C'est égal, je ne veux pas que tu me le confies...

— Écoute bien : Qu'est-ce qui cause les accidents en chemin de fer?... Ce sont les rencontres de trains; ces rencontres produisent des chocs, plus ou moins graves, mais enfin, s'il n'y avait pas de chocs, il n'y aurait pas d'accidents... n'est-ce pas?

— Cela va sans dire! Après?

— Il s'agit donc d'éviter les chocs; pourquoi jusqu'à présent n'a-t-on pas pu les éviter? C'est parce qu'on ne peut pas s'arrêter aussi vite qu'on le voudrait... Il ne s'agissait donc que de trouver un moyen pour arrêter *subito* un convoi... y es-tu?

— Tu m'as dit jusqu'à présent ce que tout le monde sait; j'attends ton invention...

— Eh bien, mon cher, ce sont des grappins, d'énormes grappins en fer... Tiens, figure-toi des ancres de vaisseau, mais immenses, colossales!... Les chauffeurs en seront pourvus, et quand ils verront arriver un convoi qui viendra sur eux, tout de suite ils lanceront leurs grappins à droite et à gauche du chemin et voilà mon train arrêté!... Hein! que dis-tu de cela?... n'est-ce pas une idée lumineuse?

M. Belatout secoue la tête en répondant :

— Peut-être... je ne dis pas... Mais si tes grappins en fer sont énormes, crois-tu qu'il sera bien facile de les lancer sur le chemin?

— Ceci est un détail... c'est une affaire d'habitude... D'ailleurs, ils pourront se mettre plusieurs. Oh! mon expédient est admirable... et je ne doute pas que le ministre et les entrepreneurs de chemins de fer ne l'adoptent...

— Je le souhaite... mais on voudra l'essayer avant.

— C'est pour cela que je vais à Paris; je vais faire faire des grappins de toutes les dimensions.

— Et ta femme?

— Oh! ma femme... il faut bien que je l'emmène : mon séjour à Paris pouvant se prolonger, comme je n'aime pas à dîner chez le traiteur, elle fera la cuisine... ça ne m'amuse pas de l'emmener, mais il le faut!...

— Enfin, puisque tu vas rester quelque temps à Paris, informe-toi de ce que fait mon fils et donne-moi de ses nouvelles.

— C'est convenu. Je veux faire confectionner des grappins de quinze pieds de diamètre!

— Il loge, je crois, dans un hôtel de la rue de Richelieu, près du Palais-Royal?

— Tu crois que je trouverai des grappins au Palais-Royal?

— Je te parle de mon fils.

— Ah! très bien... Pour ce genre de travail, on m'a dit d'aller rue du Dragon.

— Et si tu apprenais sur Eugène quelque chose d'inquiétant, écris-le-moi tout de suite?

— C'est entendu. Et si on me prend trop cher rue du Dragon, je m'adresserai à un fondeur!... Adieu... je vais terminer mes apprêts de départ... Surtout, Belatout, pas un mot sur mes grappins!

— Eh! non, sois donc tranquille!

— Si tu avais le malheur d'ébruiter mon secret, je ne te le pardonnerais pas. Adieu.

— Que le diable l'emporte, lui et ses grappins! se dit Belatout, lorsque l'homme aux inventions est parti. Ah! s'il n'y a que lui pour me donner des nouvelles de mon fils, je ne saurai jamais ce que fait Eugène à Paris.

Huit jours s'écoulent. Diana ne joue plus de piston; mais Marcelin n'en rôde pas moins une partie de la journée près de la maison de M. Belatout, et, lorsque celui-ci est sorti, Friquette se met à une fenêtre au premier étage. Alors l'amoureux s'avance; Diana vient à une croisée du rez-de-chaussée, et, là, peut causer quelque temps avec celui qu'elle aime. Friquette fait le guet et tousse très fort, si elle aperçoit des importuns. Empêchez donc une femme de faire l'amour, lorsqu'elle en a au cœur!... autant chercher la pierre philosophale. M. Belatout ne gronde pas sa fille, mais il est constamment de mauvaise humeur. De temps à autre il dit à Friquette:

— Je me doutais bien que cet imbécile de Plantureau ne penserait plus à ce dont je l'ai prié quand il serait à Paris...

— Monsieur lui avait donné une commission?

— Je l'avais prié de s'informer un peu de ce qu'y fait mon fils.

Friquette sourit avec malice, en murmurant:

— Si monsieur compte sur les autres pour savoir la conduite que mène M. Eugène... il est bien sûr qu'il ne saura rien.

— Oh! c'est là ton opinion, Friquette?

— Oui, monsieur, parce que j'ai toujours remarqué qu'on voit toujours mieux par ses yeux que par ceux de ses amis... d'autant plus que nos amis... ne sont pas toujours bien disposés à se déranger pour nous.

— Tu as raison; il faut en général faire ses affaires soi-même... quand cela est possible... Mais, d'ici, il ne m'est guère possible de guetter, de m'informer... enfin d'être bien renseigné sur ce que fait à Paris ce mauvais sujet d'Eugène.

— Ah! il est bien certain que pour savoir ce que fait M. Eugène... il ne faudrait pas rester à cinquante lieues de lui! Mais, si monsieur le voulait, qu'est-ce qui l'empêcherait d'aller lui-même à Paris, pour y surveiller son fils?

— Tiens!... c'est une idée, cela... Surveiller moi-même, à Paris, la conduite de mon fils... Oui, comme cela on ne pourrait plus me tromper!... Mais quitter ma résidence habituelle... mes occupations journalières...

— Monsieur dit quelquefois qu'il s'ennuie parce qu'il n'a plus d'occupations... ça le distrairait... et puis, ce ne serait que pour un peu de temps...

— Mais, ma fille?

— Oh! monsieur peut être tranquille, mam'zelle ne bougerait pas d'ici!...

— Oui, et son soupirant, M. Marcelin, passerait la journée planté devant ses fenêtres! Non, non, si je vais à Paris, j'emmène ma fille avec moi.

— O monsieur, vous m'emmèneriez aussi, n'est-ce pas?

— Il le faudrait bien. Diana ne peut point se passer de quelqu'un pour la servir...

— Ah! not' maître!... comme vous feriez bien d'aller à Paris!.. C'est le seul moyen pour que vous soyez au courant des sottises que fait votre fils...

— Mais, si Eugène apprend que je suis à Paris, il se méfiera, il se tiendra sur ses gardes...

— Qui voulez-vous qui le lui dise? Et puis, est-ce que vous n'avez pas le droit, une fois à Paris, de vous donner un autre nom?...

— Si fait... oui, ce serait plus adroit... je prendrais le premier nom venu.

— On appelle ça voyager *incognito*, n'est-ce pas, not' maître?

— Incognito; c'est une mode inventée par les grands personnages

— Monsieur a bien le moyen de faire comme un grand personnage!...

— Cette petite Friquette, elle a parfois de bonnes idées!...

— Oh! monsieur est bien honnête! c'est pas moi, c'est lui qui les a!... Not' maître, faut-il que je fasse nos paquets?

— Oh! pas encore! il faut que j'y pense... que j'y réfléchisse... En attendant, ne souffle pas un mot de ceci à personne...

— Monsieur peut être tranquille!... je mettrai ma langue dans ma poche!

Et le premier soin de Friquette est de courir trouver sa jeune maîtresse et de lui dire :

— Bonne nouvelle, mam'zelle, bonne nouvelle!... Monsieur vot' père va aller à Paris, et il nous emmènera toutes les deux avec lui!...

— Et c'est cela que tu appelles une bonne nouvelle!... Je ne verrai plus du tout Marcelin, alors!...

— Ah! mam'zelle, que vous êtes innocente!... Est-ce que M. Marcelin ne pourra pas aussi s'y rendre, à Paris?...

— Mais on dit que cette ville est si grande! Pourra-t-il nous y trouver?...

Mais il arpente toujours le salon, et fait un nouveau salut à cette dame. (P. 80.)

— Ça ne sera pas difficile; je lui enverrai tout de suite notre adresse...

— Mais si mon père l'y voit, il se fâchera...

— N'ayez donc pas peur!... Paris n'est pas une petite ville où tout le monde sait ce que vous faites... Fiez-vous à moi! j'ai mes idées; quelque chose me dit que c'est à Paris que je vous marierai à celui que vous aimez. Pourvu que ce vilain Grandbec, qui vient souvent ici, ne gâte pas les idées que j'ai données à monsieur!

Mais bien loin de là; dans la soirée, M. Grandbec, en venant voir M. Belatout, lui apprend qu'il compte aller incessamment à Paris pour suivre une affaire contentieuse dont son notaire l'a chargé.

— Eh bien, si vous allez à Paris, vous m'y trouverez, répond M. Belatout; car, dès demain, je m'y rends avec ma fille...

— Ah! vous voulez faire voir Paris à Mlle Diana?

— Ce n'est pas pour cela que j'y vais, mais pour connaître, pour voir par mes yeux ce qu'y fait mon polisson de fils; et j'emmène ma fille parce que je veux toujours l'avoir près de moi.

— C'est très sage, très prudent à vous... Alors, j'aurai le plaisir de vous retrouver à Paris.

— J'y compte bien ; vous m'aiderez à surveiller mon fils.

— Je ferai tout ce qui vous sera agréable.

Et M. Grandbec prend congé en serrant la main à Belatout, en saluant respectueusement sa fille, et, dans le vestibule, en lorgnant Friquette, qui tire la langue en lui faisant la révérence.

X

LES HOTES DE L'HOTEL

M. Belatout est parti pour Paris avec sa fille, Friquette et Jacquet. La vieille Marianne reste seule pour garder la maison.

Diana ne sait pas si elle doit se réjouir d'aller à Paris, bien que sa petite bonne lui répète à chaque instant que cela ne peut que changer toutes les dispositions de son père. Mais la jeune fille ne voit qu'une chose : c'est que cela l'éloigne de son amant.

Friquette est enchantée : d'abord de voir Paris, ensuite elle a déjà dans sa tête mille projets, qu'elle espère y mettre à exécution, ce qui eût été impossible si on était resté à Bar-le-Duc.

Jacquet ne sait pas s'il doit se réjouir ou s'affliger d'aller dans la capitale ; on lui a tant dit que Paris était une ville immense, qu'il n'a qu'une pensée : la peur de s'y perdre. Aussi dit-il à Friquette :

— Quand nous serons à Paris, il ne faudra pas nous quitter et ne jamais sortir les uns sans les autres.

A quoi la petite bonne répond en haussant les épaules et murmurant :

— Ce serait amusant!

M. Belatout s'est fait indiquer un hôtel de la rue de Richelieu, qui est plus près des boulevards que du Palais-Royal; car il ne veut pas s'exposer à rencontrer son fils quand il sortira. Il se fait inscrire à l'hôtel sous le nom de M. Montabord.

Lorsque Jacquet entend son maître donner ce nom à l'hôtel, il dit à Friquette :

— Mais monsieur se trompe... Il a donc oublié son nom?... Il ne s'appelle pas comme ça!...

Friquette lui marche sur le pied pour qu'il se taise, en murmurant :

— Tais-toi, imbécile! Est-ce que not' maître ne peut pas changer de nom à Paris, si cela lui plaît?

— Changer de nom... hum! c'est louche, ça!... Monsieur aurait dû me prévenir, au moins...

— Pourquoi, s'il vous plaît?

— Parce que je veux bien servir M. Belatout, mais je ne connais pas ce M. Montabord qu'il a nommé.

— Mais puisque c'est le même...

— Ah! laissez donc! vous me croyez plus bête que je ne suis.

On installe M. Belatout dans un appartement très confortable. Diana a sa chambre avec un petit cabinet pour Friquette qui sera toujours près de sa maîtresse; mais Jacquet couchera dans les mansardes, parce que son maître ne tient pas à l'avoir sans cesse près de lui. Le chef de l'établissement montre ensuite à son nouvel hôte un beau salon au premier, qui est commun à tous les voyageurs et où l'on peut se réunir pour causer avant ou après le dîner. Il ne manque pas aussi de lui vanter la composition de son hôtel, dans lequel il ne loge en général que des gens de la plus haute volée, des hommes du meilleur ton, et avec lesquels un étranger ne peut qu'être flatté de faire connaissance.

M. Belatout remercie son hôte pour les renseignements qu'il lui donne; il laisse sa fille s'établir dans son appartement, et, après avoir changé de toilette, se rend au salon qu'on lui a indiqué comme servant de réunion aux habitants de l'hôtel.

Le but de M. Belatout est de faire connaissance avec ces personnages qui connaissent Paris sur le bout de leur doigt, et pourront lui indiquer tous les lieux de plaisirs fréquentés par les jeunes gens qui ne pensent qu'à s'amuser. De cette façon, il saura où trouver son fils, lorsqu'il jugera convenable de se montrer à lui.

Le salon de réunion n'est alors occupé que par une seule personne : c'est une dame qui a passé la quarantaine, mais qui a résolu de n'avoir jamais plus de trente-deux ans. On devine alors tous les soins qu'elle prend de son visage et de sa toilette pour que le temps n'ait point de prise sur sa personne. Les cosmétiques, les eaux de Jouvence, les essences, les parfums les plus doux sont employés par Mme de Vanilley — c'est le nom de cette dame — qui n'a jamais été jolie, mais qui a un petit pied, une jambe bien faite et un beau bras; avec cela, on trouve encore des admirateurs.

Belatout, qui n'a quitté sa province que pendant trois jours, vingt-cinq ans auparavant, a tout ce qu'il faut pour laisser voir à l'œil le moins clairvoyant qu'il est tout dépaysé dans Paris. Ses habits, bien qu'en fort beau drap, n'ont pas la coupe de ceux que l'on porte dans la capitale, il a des sous-pieds à son pantalon, et l'on n'en met plus. Il a au cou une cravate en mousseline blanche, dont les coins sont brodés, et s'est fait un nœud dont les bouts s'étalent jusque sur son gilet; mais, au milieu de cette rosette, il a planté une épingle en diamant, qui est magnifique, et l'éclat de cette épingle doit nécessairement faire pardonner le ridicule de la rosette.

Lorsque notre voyageur entre dans le salon, Mme de Vanilley est assise ou à demi couchée sur une causeuse, et sa pose est calculée de manière à mettre en évidence son petit pied et son joli bras; elle tient d'une main un éventail et de l'autre un album de dessins. Belatout, qui d'abord n'a aperçu personne, s'avance, puis s'arrête tout à coup, en voyant ce petit pied qui se balance mollement au bout d'une causeuse; il se retourne, voit cette dame qui s'évente, la salue profondément et se met à arpenter le salon. Tout en marchant, il cherche ce qu'il pourrait dire à cette dame pour entamer une conversation; rien ne lui vient, mais il arpente toujours le salon, et fait un nouveau salut à cette dame chaque fois qu'il passe devant elle. Il en est à son troisième salut, et cette dame commence à trouver que ce monsieur a beaucoup de ressemblance avec les ours du Jardin des Plantes, lorsqu'un nouveau personnage entre dans le salon.

Celui-ci est un homme d'une cinquantaine d'années, porteur d'une figure très enluminée et de grosses moustaches grises; il est de taille médiocre, mais il a de gros bras, de grosses jambes, un ventre proéminent et des mains qui pourraient cacher un melon. Ce monsieur porte un col noir, une redingote boutonnée de bas en haut, et ses cheveux gris sont taillés en brosse. Il affecte la tenue d'un ancien militaire et on l'appelle le major, bien que personne n'ait jamais pu savoir dans quel régiment il avait eu ce grade. Il a la parole brève, la voix forte et fait craquer le parquet en marchant.

Le nouveau venu entre cavalièrement dans le salon, passe devant

Belatout sans avoir l'air de le voir et va faire un simple signe de tête à la
dame au petit pied, en lui disant d'un ton familier :

— Bonjour, baronne.

— Ah! vous voilà, major? Où donc vous cachez-vous? On ne vous a
pas aperçu, ce matin.

— Je ne me cachais pas... je déjeunais au Palais-Royal.

— Avec M. de Cracoville?

— Non, avec un pâté de foie gras.

— Qu'il est drôle!... L'un n'empêche pas l'autre!

— Oui, mais l'autre n'y était pas.

— Et vous avez déjeuné tout seul, comme un loup?...

— Les loups ne sont pas si bêtes quand ils mangent seuls un bon
morceau. Vous savez bien que pour manger une dinde truffée il faut n'être
que deux : soi et la dinde!

— Ah! fi! fi! que c'est vilain d'être aussi gourmand!

— Avec ça que vous ne l'êtes pas, vous!... Merci! je vous ai vue à
l'œuvre! Au dernier bal de votre amie, Mᵐᵉ Éthelwina, vous n'avez pas
quitté le buffet!...

— C'est-à-dire que je suis friande; j'aime les glaces, les marrons
glacés, les gelées... et puis Éthelwina, dont je suis l'amie intime, m'avait
priée de veiller au buffet pour qu'il ne s'y commît pas trop de gaspillage.

— Alors, vous avez suivi bien fidèlement votre consigne; car vous y
avez fait faction, au buffet!

— Il était superbe, son bal!...

— Oui; mais, moi, j'aime mieux un souper qu'un buffet. On s'assoit au moins, et l'on mange et boit à son aise.

Pendant cette conversation, Belatout se tenait debout, ne sachant pas
s'il devait avoir l'air d'écouter, mais souriant toutes les fois que le major
regardait de son côté. Quand ce dernier a fini de parler, il va se jeter dans
un fauteuil et s'essuie le visage en s'écriant :

— Ouf! quelle chaleur!... ça donne envie de dormir!...

— C'est vrai, murmure la baronne, on a la tête pesante, les yeux se
ferment tout seuls!...

— Est-ce qu'ils vont s'endormir tous les deux? se dit Belatout. C'est
une baronne et c'est un major... voilà tout ce que je sais jusqu'à présent...
Ils ont l'air très comme il faut, très distingué... Cependant, ce monsieur
n'a pas fait plus attention à moi que si je n'avais pas été là. Est-ce que
c'est la mode à Paris de dormir dans la journée? Voilà le monsieur parti!...
il ronfle même un peu... mais la dame bat toujours la mesure avec son
petit pied... Jusqu'à présent, ce salon m'offre peu d'agrément; j'ai envie

d'aller retrouver ma fille... à moins que je ne me mette à dormir avec eux...
c'est peut-être, à Paris, une manière de faire connaissance.

Belatout ne savait à quoi se décider, mais l'arrivée d'un autre personnage change la situation... Celui-ci est un monsieur ni jeune, ni vieux,
de ces gens qui n'ont point d'âge, parce qu'ils sont toujours très soignés
dans leur mise et qu'ils conservent dans leur langage le ton, les manières
de la jeunesse. Sa figure est fine, spirituelle, son sourire légèrement
railleur; il porte de petites moustaches très noires, infiniment plus noires
que ses cheveux, et dont les deux pointes, bien cirées, se trouvent
retroussées et vont presque rejoindre ses favoris, ce qui donne à sa physionomie quelque chose du chat; pour ceux qui aiment cet animal, ce
monsieur doit passer pour un joli garçon.

Bien différent du major qui n'a fait aucune attention à Belatout, le
nouveau venu le salue très courtoisement en entrant dans le salon; puis,
regardant autour de lui, s'écrie :

— Comment! est-ce qu'ils dorment? Ah! ce serait trop fort!... au
milieu de la journée!... Le major est un peu coutumier du fait... mais
Mme de Vanilley!...

— Je ne dors pas, mon bon, murmure la dame en se soulevant à
demi, mais je me repose...

— Et c'est ainsi que vous faites compagnie à monsieur... un nouveau
commensal de cette maison? car je viens de l'apprendre par notre hôte...
M. de Montabord, je crois?... auquel nous devons faire les honneurs de
cet hôtel.

Belatout s'incline, en souriant de la façon la plus agréable.
Enchanté des manières et de la politesse de ce monsieur, il balbutie :

— Monsieur... en vérité... vous êtes bien honnête!...

— Comment donc, cher monsieur, mais quand les étrangers viennent
à Paris, n'est-ce pas un devoir à nous, habitants de la capitale, de leur en
faire les honneurs!... Monsieur est Prussien...

— Pas tout à fait... je suis de Bar-le-Duc.

— Ah! le pays des confitures! s'écria la baronne.

— Vous venez à Paris pour affaires ou pour votre agrément? Pardon
si je vous demande cela... je vous parais peut-être indiscret, mais c'est
purement dans votre intérêt!... Vous voyez en moi l'homme le plus
répandu, le plus à même de vous être utile ou agréable. Hector de Cracoville... ayant une fortune indépendante... plusieurs terres, maisons de campagne... où je ne vais jamais parce que je m'y ennuie... Mais je veux
être mon maître, et pour cela je demeure à l'hôtel... C'est beaucoup plus
commode, on ne tient pas maison et on n'est pas forcé de recevoir. En

revanche, je vais partout, je connais Paris sur le bout de mon doigt... pas un établissement à la mode que je n'aie visité, pas une pièce de théâtre que je n'aie vue, pas un bal où je ne sois allé!... pas un artiste, un homme célèbre ou influent que je ne connaisse!... Et voilà pourquoi je vous offre mes services...

Belatout salue de nouveau, en disant :

— Monsieur... assurément... je suis enchanté de...

M. de Cracoville, qui a l'habitude de toujours parler et de laisser rarement parler les autres, l'interrompt de nouveau :

— Vous voyez, cher monsieur, que je puis vous guider pour tout ce que vous voudrez faire à Paris, et ce sera avec grand plaisir... Je me mets entièrement à votre disposition!... C'est mon bonheur, à moi, d'obliger...

— Monsieur, cela prouve que...

— C'est dans mon caractère!... D'abord il faut toujours que j'aille, que je vienne... le mouvement! c'est la vie, c'est mon élément!...

— Il est certain que si on était sans mouvement...

— Tenez, voilà le major Tourte... C'est un excellent garçon, mais il n'est bon qu'à table ou au jeu! Sortez-le de là, vous voyez, il s'endort!... Moi, monsieur, je soutiens que l'homme n'est pas fait pour dormir!...

— Ah! vous croyez que...?

— Eh! mon Dieu! le sommeil, c'est du temps perdu... c'est autant d'heures que nous retranchons de notre existence...

— Cependant, il faut bien...

— Oui, il faut se reposer quand on est fatigué; mais le moins possible, monsieur, le moins possible... Vous êtes ici avec mademoiselle votre fille?

— Ah! vous savez cela?

— Je vous ai dit que je savais tout... Quand de nouveaux personnages viennent habiter cet hôtel, vous comprenez que mon premier soin est de prendre sur eux quelques renseignements; il vient tant de fripons à Paris, cher monsieur, il faut autant que possible savoir à qui on a affaire.

— Ah! il vient des fripons de la province?

— De la province, de l'étranger... il en vient de partout. Et il faut toute mon expérience pour n'être jamais leur dupe. Nous disons donc que vous venez à Paris pour faire connaître cet admirable séjour à mademoiselle votre fille?...

— Pas positivement; j'ai aussi des renseignements à prendre sur la conduite d'un jeune écervelé... C'est son père qui m'a prié de m'informer de ce que son fils fait ici...

— Très bien... Oh! nous saurons cela très facilement... Comment se nomme votre jeune homme?

— M. Eugène Belatout.

— Il suffit... Avant peu vous aurez de ses nouvelles... Désirez-vous le voir, lui parler ?

— Non, non ! car il me connaît et, s'il me savait ici, il se tiendrait sur ses gardes...

— Fort bien ; mais il ne me connaît pas, moi, et je puis ne pas le perdre de vue... Je vous tiendrai au courant de sa conduite.

— En vérité, vous avez trop de bonté, monsieur de Crac...

— De Cracoville. Voulez-vous me faire l'honneur de me présenter à mademoiselle votre fille?

— Comment donc ! mais avec le plus grand plaisir.

Belatout se rend dans son appartement avec sa nouvelle connaissance ; il trouve sa fille en train de pleurer, parce qu'elle est loin de celui qu'elle aime, et Friquette qui s'efforce de la consoler en lui disant :

— Mais, mam'zelle, M. Marcelin sait bien que nous sommes à Paris ; soyez tranquille, il y sera bientôt aussi.

M. Belatout, qui n'est pas content que l'on trouve sa fille pleurant, lui crie :

— Diana, voici M. de Cracoville que je vous présente... et qui veut bien nous piloter dans Paris, qu'il connaît comme sa poche... Mais que signifient ces larmes dans vos yeux?

— Monsieur, ce n'est rien, dit Friquette ; c'est que mam'zelle pense à son petit serin, qu'elle a laissé là-bas... elle craint que Marianne n'en ait pas bien soin et qu'il s'envole.

— Quel enfantillage !... se chagriner pour un oiseau !

— Mademoiselle, dit Cracoville, en allant saluer Diana, nous ferons notre possible pour vous rendre le séjour de Paris agréable, et vous y faire oublier votre serin. D'aussi beaux yeux que les vôtres ne sont pas faits pour verser des larmes. Voyons, mon cher monsieur de Montabord, où menez-vous mademoiselle, aujourd'hui?

— Où je la mène?... Ma foi, je n'avais pas l'intention de la mener nulle part !

— Quoi ! par le temps superbe dont nous jouissons, vous n'en profiteriez pas pour conduire mademoiselle au bois de Boulogne !... Ce serait un meurtre... Il faut bien que mademoiselle connaisse le bois de Boulogne, le rendez-vous de tout ce qu'il y a de mieux dans Paris. Il y a ici près un loueur de voitures, je vais dire à un des gens de l'hôtel de vous faire venir une jolie calèche... où vous serez fort à l'aise...

— Une calèche?... Mais je ne saurai pas les routes qu'il faut prendre...

Si vous voulez être agréable à monsieur, faut lui faire boire du punch. (P. 91.)

— Soyez donc tranquille ! je vais avec vous, je ne vous quitte pas...
et je vous nommerai toutes les célébrités que nous rencontrerons au bois,
où elles se donnent rendez-vous.

— Ah! si vous venez avec nous, monsieur de Cracoville, alors j'accepte avec joie...

— O monsieur, est-ce que vous ne m'emmènerez pas avec vous dans ce bois? dit Friquette, en faisant une petite mine si drôle, que le monsieur qui ressemble à un chat s'écrie :

— Tiens !... mais elle est fort gentille, cette petite. Oui, sans doute, on peut vous emmener, mon enfant ; vous monterez sur le siège à côté du cocher.

— Oui, monsieur... Oh! quel plaisir !... Je monterai sur le cocher !...

— Je laisse mademoiselle donner un coup d'œil à sa toilette ; dans un quart d'heure, je reviens vous prendre, la calèche sera en bas... Sans adieu, cher monsieur de Montabord.

— Il est bien aimable, ce monsieur-là! dit Friquette, lorsque l'élégant Cracoville est parti.

— Il m'a appelé *de* Montabord! se dit Belatout en rarrangeant son nœud de cravate devant une glace. C'est un homme du grand monde, de la belle société! cela se voit tout de suite!

Diana essuie ses yeux, puis, comme la perspective d'aller se promener en calèche ne lui est pas désagréable, elle finit par sourire en regardant Friquette, qui saute de joie dans la chambre.

A dix-sept ans, un sourire perce facilement sous les larmes!

XI

UN AMI DANGEREUX

On va se promener au bois, dans une belle calèche, traînée par deux beaux chevaux blancs et conduite par un cocher qui a une livrée de fantaisie. Le père et la fille occupent le fond de la voiture, mais l'élégant Cracoville est devant eux et, à chaque instant, adresse des saluts à des personnes en voiture ou des petits signes, de la main, à des cavaliers ; puis, il se penche vers Belatout en lui disant :

— C'est un conseiller d'État... C'est Mme la marquise Granilovas... la sœur de l'ambassadeur de... Chose... Ah! voici un de nos premiers peintres de genre!... Et, tenez... cette jeune femme dans cette victoria, c'est une actrice des Français, talent hors ligne!... J'ai son nom sur le bout de la langue... Ce cavalier que je viens de saluer est un journaliste en renom; quand il rend compte d'une pièce, il parle toujours de l'auteur et jamais de la pièce... c'est original. Ce monsieur seul dans ce cabriolet, c'est un des plus forts banquiers de Paris!...

— Diable! répond Belatout, je vois que le bois de Boulogne est très bien composé!...

— Tout ce qu'il a de mieux, la crème de Paris !..., le dessus du panier !.. J'espère que vous ne regretterez pas d'y être venu. Où comptez-vous dîner, ce soir ?

— Dîner !... Est-ce qu'on ne dîne pas à l'hôtel ?

— Non, on n'y tient pas de table d'hôte. Faire venir de chez le traiteur, mauvais système !... tout arrive froid, mauvais ! Il faut aller dans un des bons restaurants de Paris, et il y en a d'excellents.

— Vous les connaissez ?

— Si je les connais !... Je ne vais que là ! Il faut aller dîner chez *Brébant*, ci-devant *Vachette*, au coin du faubourg Montmartre ; c'est un des meilleurs traiteurs de Paris.

— Est-ce que vous nous ferez le plaisir de dîner avec nous ?

— C'est bien mon intention ! Je me suis fait votre guide, votre pilote, je ne vous quitte plus... si ma compagnie vous est agréable cependant !...

— Si elle m'est agréable ?... Mais c'est-à-dire que je ne sais comment exprimer ma reconnaissance pour l'obligeance... pour la complaisance... pour...

— Trêve de remercîments, cher monsieur de Montabord. Dès la première vue vous m'avez convenu tout de suite ; je me suis dit : « Voilà un gentilhomme qui ne connaît pas Paris, il ne faut pas le laisser devenir la proie de tous les intrigants dont cette ville fourmille.... je vais m'attacher à lui. »

— En vérité, monsieur de Crac... de Craquenville...

— Cracoville.

— Je suis bien heureux de vous avoir rencontré !

— Voilà qu'il est six heures passées, nous allons vous faire conduire chez Brébant, où vous renverrez la calèche, qui ramènera votre petite suivante à l'hôtel...

— Est-ce que Friquette ne peut pas venir avec nous chez le traiteur ? dit Diana.

— Ah ! votre caméraste se nomme Friquette ?... Drôle de nom !... Mademoiselle, ce n'est pas l'usage de mener ses gens dîner au restaurant avec soi !... Mais soyez tranquille, à l'hôtel on aura soin d'elle...

— C'est que j'ai aussi mon domestique Jacquet, dit Belatout, un garçon bien simple.... Il ne sait pas où je suis... il va se croire perdu !

— Il vous attendra à l'hôtel ! Est-ce qu'il faut se gêner pour ses valets ? Vous vous feriez moquer de vous !...

— C'est juste, au fait !... on ne doit pas se gêner pour ses valets.

Le cocher reçoit des ordres de M. de Cracoville ; il mène la société chez

Brébant, puis il ramène Friquette, qui alors s'étale dans la calèche en disant à sa maîtresse :

— Oh! mam'zelle, je voudrais passer ma vie à me faire rouler comme ça!

On dîne dans un salon où il y a déjà plusieurs personnes attablées...

— C'est plus gai qu'un cabinet, dit Cracoville, et cela vous donne tout de suite une teinte des allures, du ton de la société de Paris... Si, pourtant, vous préférez un cabinet?...

— Non, vraiment! Je viens pour voir Paris et ses habitants, je ne veux pas dîner dans un cabinet!... Seulement, je vous prierai d'avoir la complaisance de commander vous-même le dîner ; car je ne sais pas ce qu'on mange à Paris, je n'y entendrais rien.

— J'allais vous le proposer... Ne vous mêlez de rien. Je suis votre pilote, laissez-vous gouverner. Oh! personne ne peut lutter avec moi pour faire un menu.

En effet, ce monsieur commande un dîner où rien ne manque : ni primeurs, ni truffes, ni coup du milieu, ni glaces, ni vins fins. Belatout est enchanté ; à chaque plat, il s'écrie :

— Délicieux! parfait!... Ah! je dois convenir que l'on cuisine mieux ici que dans notre endroit... N'est-ce pas, ma fille ?

Diana qui, comme toutes les jeunes filles, aime les friandises, est de l'avis de son père, et Cracoville s'écrie :

— Soyez assurés qu'avec moi vous ne dînerez jamais autrement.

Mais, lorsque le garçon présente la carte à payer à M. Belatout, celui-ci ouvre les yeux effarés et fronce les sourcils en s'écriant :

— Sapristi! que c'est cher!...

— Ce n'est jamais trop cher quand c'est bon! dit Cracoville en se levant de table.

Et le provincial paye sans murmurer.

Tout en dînant, on était convenu d'aller au spectacle le soir. On se rend au théâtre de l'Opéra-Comique, et Cracoville pousse Belatout vers le bureau où l'on prend les billets en lui disant :

— Demandez trois balcons.

« Pourquoi ne les prend-il pas lui-même? » se dit Belatout, qui cependant va prendre les billets, en réfléchissant que cela peut être l'usage à Paris de mener au spectacle les personnes que l'on a invitées à dîner.

Le spectacle plaît beaucoup à Diana, mais il endort Belatout. On revient à l'hôtel en se promenant. Il est minuit passé, et l'on trouve Jacquet assis sur une borne à la porte de l'hôtel et pleurant comme un veau.

— Que fais-tu là, imbécile? lui dit son maître.

— Ah! monsieur, j'ai cru que vous étiez perdu, vous et mademoiselle, et je me demandais ce que j'allais devenir à Paris !

Tout le monde est rentré chez soi. Diana conte à sa petite servante ce qu'ils ont fait dans la soirée.

— Mam'zelle, dit Friquette, ce M. de Craque... si poli me fait l'effet d'être un malinot qui enjôlera monsieur votre père... mais, tant mieux; nous en tirerons parti !

— Comment cela, Friquette?

— Laissez faire, j'ai mes idées...

— Tu as toujours tes idées... et tu ne me les communiques pas!

— Ce serait trop long à vous expliquer...

— Et M. Marcelin?

— M. Marcelin sait que nous sommes à Paris. Je lui ai écrit tantôt l'adresse de notre hôtel; il ne tardera pas à venir rôder par ici...

— Mais si mon père le rencontre, il sera furieux!...

— Il ne le reconnaîtra pas, je lui ai écrit de se barbouiller un peu la figure.

— Comment! tu veux qu'il se mette en nègre?

— Oh! mam'zelle, sans se mettre tout à fait en nègre, il y a mille moyens de se changer, de se rendre méconnaissable. Moi, voyez-vous, si j'avais été homme, pour voir mon amoureuse, je me serais fourré dans un étui de parapluie !

— Ah! Friquette, tu n'y tiendrais pas!

— C'est une manière de vous dire que j'aurais été capable de tout.

Huit jours s'écoulent, pendant lesquels M. de Cracoville n'a presque pas quitté Belatout, qu'il fait constamment dîner avec lui, auquel il laisse payer la carte en disant :

— J'aurai mon tour !

Mais Diana n'accompagne plus son père; elle préfère rester à l'hôtel, où Friquette se charge de lui faire sa cuisine. Belatout aime autant ne pas avoir toujours sa fille pendue à son bras et Cracoville lui dit :

— Vous faites bien de ne point vous embarrasser sans cesse de votre charmante fille. Il est mille endroits de Paris où un homme ne peut pas aller quand il a une femme avec lui; c'est gênant.

— C'est aussi mon idée. Mais ce jeune Eugène Belatout dont je désire connaître la conduite... vous n'avez donc encore rien appris sur son compte?

— Pas encore... mais cela ne peut tarder... seulement vous m'avez dit qu'il logeait dans un hôtel de la rue Richelieu, près du Palais-Royal; je

'les ai visités tous, et je puis vous certifier que votre jeune homme n'y
est pas.

— Vraiment! où diable sera-t-il allé se nicher?

— Pardieu! si nous avions eu son adresse, il y a longtemps que nous
saurions tout ce qu'il fait!... Mais, un peu de patience, je vous réponds que
nous le découvrirons. Il me semble que vous ne devez pas vous ennuyer à
Paris! je fais ce que je puis pour vous rendre ce séjour agréable...

— Oui, sans doute... oh! je ne m'ennuie pas ici... seulement, la vie
est un peu chère!...

— Eh! mon Dieu! l'argent n'est-il pas fait pour rouler?... Votre fortune ne vous permet-elle pas de mener une existence agréable?

— Oui, mes moyens me permettent de vivre... largement

— Voyons... que faisons-nous, ce soir?

— Ce soir... ah! vous pensez qu'il faut faire quelque chose, ce soir?

Friquette, qui accourt, interrompt cette conversation pour dire à
son maître que Jacquet, qui a cassé les carreaux d'une boutique de pâtissier, est maintenant au poste et se réclame de lui.

— Cet imbécile fera donc toujours des sottises! s'écrie Belatout.
Pardon, mon cher monsieur de Cracoville, mais je vais délivrer mon
domestique. Je reviens bientôt.

Belatout est parti. Friquette est restée dans le salon commun, où elle
a l'air d'admirer d'assez mauvais tableaux. Cracoville semble réfléchir et
se dit :

— Est-ce que le pigeon se lasserait de régaler?... Diable! ce serait
peut-être le moment de payer à mon tour quelque chose... Cela me con-
trarierait... j'ai tellement pris l'habitude de faire payer les autres... mais
une fois n'est pas coutume.

S'apercevant alors que Friquette est toujours là, Cracoville s'approche
de la petite bonne et lui tape sur la joue :

— Bonjour, mademoiselle Friquette!

— Monsieur est bien honnête...

— Il y a longtemps que vous êtes au service de M. de Montabord?

— Oh! oui, monsieur, j'y suis entrée toute petite.

— Alors vous connaissez ses goûts, ses habitudes?

— Oui, monsieur, je connais not'maître comme si je l'avais fait!

— J'ai cru remarquer qu'il n'était pas fou de spectacle?...

— Le spectacle, ça le fait dormir...

— Aime-t-il le jeu?

— Oh! oui, monsieur... il aime beaucoup le jeu... il passerait la nuit
à battre des cartes; mais il ne veut pas en convenir devant sa fille.

— Ah! très bien... Il aime à bien dîner... mais il ne boit guère...

— De vin ? Ah! dame, il boit comme toute le monde...

— Vous ne l'avez jamais vu gris ?...

— Ah!... si... mais faut pas le dire!... Si monsieur savait que je jase sur ses défauts!...

— Ne craignez rien, petite Friquette; tout ce que je vous demande, c'est dans l'intérêt de votre maître. Je me sens beaucoup d'affection pour lui, voilà pourquoi je tiens à me renseigner sur ses goûts, ses penchants...

— Si vous voulez être agréable à monsieur, faut lui faire boire du punch.

— Du punch!... ah! il aime le punch?

— C'est sa passion!

— Au rhum?

— Au rhum, au kirsch, à l'eau-de-vie... de toutes les façons!

— Voilà qui est très bon à savoir!

— N'allez pas lui dire que je vous ai conté ça?...

— Soyez donc tranquille! Tenez, petite Friquette, voilà pour vos renseignements.

Et M. de Cracoville s'éloigne, après avoir glissé dans la main de Friquette une pièce de dix sous.

La petite bonne regarde ce que ce monsieur lui a donné, et se dit :

— Dix sous!... cinquante centimes!... Ah! pour un parfumé, il n'est pas généreux... c'est un pleutre que ce beau monsieur-là!

Belatout ramène Jacquet, qui pleure en jurant à son maître que ce n'était pas pour prendre des gâteaux qu'il avait cassé les carreaux du pâtissier. Notre provincial retourne au salon de réunion, où il ne trouve plus personne. Mme de Vanilley était allée pour quelques jours à la campagne; le major Tourte passait une grande partie de son temps au café. Et Belatout se sent tout dépaysé en ne trouvant plus son fidèle Cracoville pour le promener dans Paris; car, bien qu'il se fût dit quelquefois que son nouvel ami ne payait jamais, tout en s'écriant qu'il aurait son tour, il avait tellement pris l'habitude de ne sortir qu'avec lui, qu'il hésitait à se risquer seul dans Paris.

Belatout rentre dans son appartement, appelle Friquette et lui dit :

— M. de Cracoville ne t'a rien dit pour moi?

— Non, monsieur.

— Il ne t'a pas chargée de me prier de l'attendre?

— Non, monsieur; ce beau monsieur ne m'a pas dit... Ah!... mais il m'a dit autre chose!

— Quoi donc?

— D'abord, tout plein de bien de monsieur! Qu'on voyait bien que vous étiez un gentilhomme de race... que vous en aviez toutes les manières, tout le langage... d'une race...

— De quelle race?

— Ah! je ne sais pas ; mais ce doit être d'une fameuse !

Belatout se rengorge, va se mirer, et étale davantage le nœud de sa cravate brodée.

Friquette continue :

— Seulement il a ajouté : « Il ne lui manque qu'une chose pour être reçu dans nos clubs... ah! s'il avait cela, ce serait un parfait gen... gen... gentleman !... » C'est ça, gentleman !

— Et qu'est-ce donc qui me manque pour être un parfait gentleman?.... voyons, apprends-moi vite cela.

— M. de Craque a dit : « Votre maître ne boit pas sec, il ne serait pas en état de tenir tête au plus jeune de nos membres du club !... c'est dommage, un Français doit, avec son verre, être capable de lutter contre les Anglais... »

— Bah !... vraiment, il faut boire sec pour être tout à fait gentilhomme? Ah! il croit que je ne sais pas boire! mais, si je voulais, je l'enverrais sous la table, ce cher ami... Seulement, je ne veux pas, de peur de me faire du mal.

Un garçon de l'hôtel vient avertir Belatout que M. de Cracoville l'attend au salon de réunion, et notre provincial s'empresse de s'y rendre.

— Mille pardons, cher ami, de vous avoir dérangé! lui dit Cracoville, mais je suis chargé près de vous d'un message... j'ai craint d'être indiscret en allant vous relancer dans votre appartement. Mademoiselle votre fille pouvait être là, et les papas ne veulent pas toujours que leurs enfants sachent tout ce qu'ils font.

— Qu'est-ce donc, cher monsieur ?

— Le major Tourte réunit aujourd'hui quelques amis chez son traiteur habituel; après le dîner, on fera une petite partie... tout en buvant du punch... et il m'a chargé de vous dire qu'il serait très honoré si vous vouliez bien accepter son invitation.

— En vérité! le major Tourte m'invite !... mais il ne m'a jamais parlé, ce monsieur; il est toujours endormi dans ce salon quand je l'y rencontre.

— Il fait quelquefois semblant de dormir... C'est un homme qui cause très peu; mais il a pour vous la plus parfaite estime, et ce que j'ai pu lui dire de votre esprit, de votre amabilité, n'a fait que l'augmenter encore.

— Vous êtes mille fois trop bon !... Mais accepter ce dîner... de ce monsieur qui ne m'a jamais dit un mot...

Si bien que la dernière fois, il est revenu à l'hôtel... (P. 94.)

— A Paris, mon cher, on ne fait pas connaissance autrement...
un dîner d'hommes, c'est sans cérémonie. Et puis, ce qui pourra vous
déterminer à y venir, c'est que, parmi ses convives, le major aura un
M. Spitermann, un jeune Allemand fort riche, qui, à ce qu'il paraît, est
lié avec ce jeune Eugène Belatout, sur lequel vous désirez avoir des
renseignements...

— Il est lié avec mon... avec le petit Belatout!... Oh! alors, je n'hésite plus, cher ami, j'accepte l'invitation du major... Croute.

— Non, pas Croute! Tourte.

— C'est ce que je voulais dire... Je serai des vôtres.

— Le major en sera enchanté. Alors, à six heures, je viendrai vous prendre pour vous conduire au restaurant des Champs-Élysées, où le major nous traite ; soyez prêt, cher de Montabord.

— A six heures : c'est entendu. Ah! faut-il faire une grande toilette?

— Aucune toilette au contraire ; un dîner d'hommes... c'est tout à fait sans façon. Vous êtes parfaitement comme vous voilà...

— Je mettrai des gants paille...

— Comme vous voudrez. A tantôt !

Cracoville serre avec effusion les mains de Belatout, et celui-ci retourne trouver sa fille, à laquelle il dit :

— J'espère qu'aujourd'hui j'aurai enfin des nouvelles de mon polisson de fils.

XII

UN DINER D'HOMMES

M. Belatout, qui comprend que sa fille ne doit pas beaucoup s'amuser en restant à l'hôtel, tandis que son père passe son temps à dîner en ville et à courir les endroits publics, dit à Diana :

— Je te permets, ma chère amie, de te promener un peu dans la journée sur les boulevards, accompagnée de ta petite bonne Friquette, et à condition que tu te feras toujours suivre par Jacquet, mais il faudrait tâcher de ne pas perdre ce garçon, comme cela vous est déjà arrivé les deux fois que vous êtes sorties.

— Ce n'est pas nous qui perdons Jacquet, s'écrie Friquette, c'est lui qui nous perd. Ce dadais-là s'arrête devant chaque boutique ; mademoiselle et moi, nous marchons toujours, et, au lieu de courir après nous pour nous rejoindre, M. Jacquet reste à la même place, ou revient sur ses pas en criant : « Friquette ! Friquette ! où êtes-vous ?... » Au point que cela fait retourner tout le monde, et que les petits gamins le suivent en criant avec lui : « Où êtes-vous, Friquette ?... » Si bien que la dernière fois il est revenu à l'hôtel suivi d'une foule de polissons qui braillaient : « Où êtes-vous, Friquette ? » Ça n'est pas amusant cela, monsieur, et vous auriez bien mieux fait de laisser Jacquet à Bar-le-Duc!

— Je conviens que ce garçon est très niais... mais, enfin, arrangez-vous de manière à ne pas le perdre.

— Alors, monsieur n'a qu'à lui acheter un collier, nous y passerons un ruban et nous tiendrons Jacquet en laisse comme un chien... Ah ! tenez, monsieur, fiez-vous à moi pour veiller sur mam'zelle, je vous réponds d'elle ! et puis, d'ailleurs, en plein jour, sur les boulevards, on ne se permettrait pas de nous dire *quéque* chose !... D'abord, nous ne nous mettons jamais dans la foule... et, quand un homme s'approche trop de moi, je lui lance un coup de pied !... ni plus ni moins que si j'étais une jument ! Je vous réponds qu'il n'y revient pas !

Friquette avait d'excellentes raisons pour désirer que Jacquet ne les suivît pas : les deux fois que l'on était sorti, on avait aperçu l'amoureux Marcelin, qui, ne pouvant pas voir Diana à l'hôtel qu'elle habitait avec son père, guettait sans cesse dans les environs, espérant qu'avec l'aide de Friquette il parviendrait enfin à échanger quelques mots avec Diana. Depuis qu'il était à Paris, Marcelin passait tout son temps à attendre que sa bien-aimée se montrât, et quelquefois la journée s'écoulait sans qu'il vît personne, ni maîtresse, ni suivante; ce qui ne l'empêchait pas de recommencer le lendemain, car les amoureux sont comme les chats, ils y mettent de la patience.

Mais lorsque Diana, accompagnée de sa bonne, avait de loin aperçu Marcelin, elle avait dit à celle-ci :

— Si Jacquet voit M. Marcelin me parler, il le dira à mon père; à quoi la petite suivante avait aussitôt répondu :

— Soyez donc tranquille, mam'zelle, nous allons perdre Jacquet, ça ne sera pas difficile.

Et, en effet, au bout d'un moment, Jacquet avait en vain regardé de tous côtés, celles qu'il devait suivre avaient disparu.

C'est une commission bien difficile que celle de guetter, de surveiller deux jeunes filles, et il fallait que M. Belatout fût bien de sa province pour confier un tel emploi à Jacquet.

A six heures, l'élégant Cracoville a été ponctuel, il arrive, en victoria, chercher Belatout, qui, malgré les recommandations de ce monsieur, a tenu à faire de la toilette pour assister à ce dîner d'hommes que lui offre le major Tourte, qui n'a fait encore que dormir devant lui.

On monte en voiture, Cracoville examine Belatout et s'écrie :

— Vous êtes superbe !... Vous avez absolument voulu faire de la toilette !

— Ah ! vous concevez... la première fois que l'on va chez quelqu'un...

— Nous n'allons pas chez le major puisqu'il nous traite chez un traiteur... mais un excellent traiteur... presque à l'entrée du bois de Boulogne... à deux pas de l'Arc de Triomphe... Oh! nous serons parfaitement!... Le major est gourmand, gourmet, et puis je l'ai prévenu que vous étiez connaisseur en vins!

— Vraiment! vous lui avez dit cela?

— C'est la vérité, j'ai remarqué que vous ne vous trompiez jamais sur le cru du vin que l'on vous servait!

— Vous croyez? alors c'est le bouquet qui me guide. Est-ce que nous serons beaucoup de monde à ce repas?

— Non... sept ou huit, je pense...

— Et tous.., hommes... pas de femmes?

— Ah! scélérat!... je crois que vous n'auriez pas été fâché qu'il y en eût... car vous devez être un amateur, un séducteur!

— Moi? pas du tout! je n'y ai jamais pensé!...

— Ah! ce n'est pas à moi qu'il faut dire cela!... D'abord avec votre figure, votre tournure, vous avez dû faire des conquêtes partout.

— Mais je ne suis allé nulle part... je suis resté... un peu trop peut-être, dans ma province... et puis, j'étais marié...

— Mais il y a déjà longtemps que vous êtes veuf?...

— Oui, pas mal de temps, mais je suis casanier... je ne bougeais point de Bar-le-Duc!... Ah! si j'en avais bougé... je ne dis pas que... le fait est qu'il y a de bien jolies femmes à Paris... elles ont des tournures! des yeux!... elles vous regardent d'une manière si engageante que, si l'on osait, on serait tenté de faire tout de suite connaissance...

— Pardieu! il faut oser, mon cher; avec tous vos avantages, je vous réponds que vous trouverez peu de cruelles...

— Vous croyez?... Oh! mais je suis à Paris avec ma fille... et je ne me permettrais pas... vous comprenez?

— Je comprends que si vous faisiez une conquête vous ne la conduiriez certes pas à notre hôtel!... mais rien ne vous empêcherait d'aller lui rendre visite. Les journées et les soirées sont longues...

— C'est vrai, elles sont très longues, les soirées...

— C'est ce jeune baron allemand, avec qui vous désirez vous trouver, qui a une ravissante maîtresse...

— Ah! ce monsieur Spitermann, qui connaît le jeune Belatout?

— Justement.

— Et il a une belle maîtresse?

— Oh! une femme adorable... figure, taille, tournure, elle réunit tout, une femme du meilleur monde... très bien posée... qui donne des fêtes, des soirées où va tout Paris.

— Alors elle a un bien grand appartement !

— Quand je dis : tout Paris, j'entends tout ce qu'il y a de mieux à Paris.

— Et vous lui avez fait la cour, à cette belle dame ?...

— Non... il n'y a guère moyen, ce diable de baron ne la quitte pas ; il en est horriblement jaloux !...

— Ah ! l'Allemand est jaloux ?

— Comme un tigre, comme un Africain...

— S'il ne quitte pas cette dame, il l'amènera dîner avec nous ?

— Oh ! il n'y a pas de danger ! un dîner d'hommes ! et d'hommes qui n'ont pas encore renoncé à plaire !... Il serait sur les épines, ce pauvre monsieur Spitermann. D'autant plus que la belle Ethelwina... c'est le nom de cette dame...

— Ethelwina ? c'est une Suédoise !

— Non, elle se dit Écossaise et prétend descendre d'un fameux chef de clan, de Rob-Roy...

— Fichtre ! elle descend d'un roi ?

— D'un chef de clan... mais peu importe d'où elle descende... Est-ce qu'une jolie femme a besoin de noblesse pour plaire ?.. Est-ce que des appas ne valent pas mieux que des parchemins ?... Voyons, cher Montabord, n'est-ce pas aussi votre opinion ? Moi, je donnerais tout un amas de parchemins pour un petit nez en trompette et une jambe bien faite !

— Je partage votre opinion... pas pour les nez en trompette, je les aime mieux aquilins, mais pour les jambes bien faites. Alors je ne verrai pas cette belle Écossaise ? J'en suis fâché, car ce que vous m'en avez dit pique ma curiosité !... Est-ce qu'elle s'habille en petite jaquette courte ?... Ah ! que je suis simple ! Ce sont les hommes et non pas les femmes qui se montrent ici quelquefois avec ce singulier costume.

— Mme Ethelwina se met parfaitement... c'est même elle qui donne les modes, elle a les premières couturières de Paris !... mais je voulais vous dire, tout à l'heure, que cette charmante femme n'est pas bégueule du tout...

— Ah ! elle n'est pas...? Qu'entendez-vous par bégueule ?

— Je veux dire qu'il y a des dames devant lesquelles on ne peut pas se permettre un mot un peu gai... qui s'offensent ou prennent un air pincé si l'on raconte une aventure légèrement badine ; mais la belle Ethelwina n'est pas ainsi, elle est la première à rire d'un mot un peu risqué, elle est d'une humeur très enjouée... elle rit avec de si jolies dents !... Ce serait dommage qu'elle ne fût pas gaie.

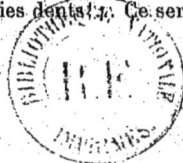

— En vérité, vous me donnez une furieuse envie de connaître cette dame!

— Eh! mais, vous la verrez peut-être à l'hôtel; elle vient quelquefois voir Mme de Vanilley, avec qui elle est très liée!...

— Ah! elle connaît Mme de Vanilley!

— Elles sont intimes; c'est comme cela que je me suis trouvé avec la... la comtesse Ethelwina...

— C'est une comtesse?

— Peut-être même une marquise... je ne suis pas bien sûr.

— Mais, moi, je n'ai échangé que quelques mots de politesse avec Mme de Vanilley... Je ne vais pas chez elle...

— Parce que vous ne le voulez pas... vous êtes trop timide! Mme de Vanilley a pour vous la plus parfaite estime... elle revient demain de la campagne; je vous ferai faire plus ample connaissance. Mais, nous voici arrivés.

La victoria s'arrête devant un fort beau restaurant. On descend de voiture, et Cracoville dit au cocher :

— Vous reviendrez nous attendre ici.

— A quelle heure?

— Vers minuit.

— Comment, vous pensez que nous resterons à table jusqu'à minuit? dit Belatout.

— Non; mais, après le dîner, on fait toujours une petite partie de cartes... c'est l'usage.

— Ah! c'est juste... oh! je ferais très volontiers une petite partie.

On introduit ces messieurs dans un salon où six hommes étaient déjà réunis : c'était d'abord le major Tourte, puis l'Allemand Spitermann; celui-ci est un grand blond, tirant sur le roux, mais très bel homme, bien que bâti d'une façon un peu massive. Ce monsieur, qui a trente-six ans, est porteur d'une physionomie assez régulière, mais peu aimable; il conserve même habituellement un air suffisant et un ton d'autorité qui peuvent blesser ceux qui ne le connaissent pas; il a de gros yeux bleu faïence, un gros nez, de grosses joues bien rouges, et de grands favoris de la même couleur, qui retombent comme des oreilles d'épagneul. Avec tout cela ce monsieur se croit superbe; il a le plus grand soin de sa toilette; de ses dents, de ses mains, de ses ongles, de ses cheveux et empoisonne le tabac à quinze pas.

A côté du baron est un petit homme, tout riant, tout sautillant, habillé à la dernière mode, portant un petit carré de verre sur son œil droit, et allant à chaque instant se regarder dans la glace, puis passer la main dans

ses cheveux, se sourire, tirer son gilet, puis revenir en fredonnant écouter
ce que dit le beau Spitermann, et murmurer :

— Charmant ! délicieux !... Parole d'honneur, cher ami, vous dites
des choses ravissantes. Si j'étais journaliste, j'en ferais mon profit...
Malheureusement, je ne le suis pas, le public y perd beaucoup !

L'Allemand écoute tout cela, comme si cela lui était dû, il se contente
d'adresser un léger sourire à son admirateur et continue de parler. Un
grand monsieur, bien maigre, bien roide, qui se tient un peu plus loin,
ne semble pas partager l'admiration du petit gandin pour les histoires
que débite le baron ; il se permet même quelquefois des bâillements qu'il
tâche de dissimuler en toussant. Dans un coin sont assis deux autres
individus qui ont de ces types que la nature ne donne qu'aux israélites.
Ceux-là causent avec animation des cours de la Bourse et des ventes de
l'hôtel Drouot. L'un, qui se nomme *Abraham*, porte à son cou une chaîne
d'or avec laquelle on pourrait sans crainte tirer de l'eau d'un puits, l'autre
a des bagues à tous les doigts et porte des anneaux aux oreilles.

Le major va au-devant des nouveaux venus, il les présente à la
société, qui connaît déjà Cracoville, puis il remercie Belatout d'avoir
accepté d'être de *leur partie* en lui disant :

— Mais vous serez content, nous serons bien servis, bien traités...
la cave est bonne... c'est cher ; mais nous en aurons pour notre argent.

— Qu'est-ce que cela me fait, que ce soit cher, se dit Belatout,
puisque c'est lui qui traite ? En province, nous ne dirions pas de ces
choses-là ; mais c'est peut-être l'usage à Paris.

Cracoville va prendre Belatout sous le bras et lui dit à l'oreille :

— Ce grand bel homme qui pérore là-bas, c'est le baron Spitermann.

— Je l'avais deviné, il a bien la figure allemande.

— Le petit musqué, qui sautille en l'écoutant, c'est le jeune Mirza...
un artiste peintre en miniature... il est fou du baron ; il a déjà fait six fois
son portrait.

— Six fois... est-ce qu'il les expose ?

— Non, c'est toujours pour le baron, qui répand son image parmi
les dames qu'il lorgne. Mirza l'a fait sous six costumes différents et, en ce
moment, je crois qu'il le peint encore...

— Ah ! et comment ?

— Nous le lui demanderons en dînant. Ce monsieur maigre est intéressé dans les chemins de fer. C'est un homme qui a le bras long...

— Il a les jambes très longues aussi.

— Je veux dire par là qu'il a de superbes connaissances et peut rendre
de grands services.

— Et ce gros père là-bas, qui a une si lourde chaîne d'or? car elle doit être écrasante à porter, cette chaîne!...

— C'est M. Abraham, riche négociant en bijoux; il a sacrifié un million pour marier sa fille à un catholique.

— Je connaissais déjà un sacrifice d'Abraham, mais pas celui-là. Ce monsieur qui cause avec lui, et qui a des anneaux à ses oreilles, doit être au moins son commis?

— Non, celui-ci est un jeune Hongrois qui vient à Paris pour apprendre le commerce; il adore les bijoux, il ne peut pas voir une bague sans en avoir envie.

— S'il a envie de celles que portent les autres, c'est dangereux.

— Oh! il est riche, et peut satisfaire toutes ses fantaisies.

Cracoville quitte Belatout pour aller parler bas, dans un coin, avec le major. Belatout, se trouvant un peu embarrassé de sa personne au milieu de ces messieurs qui continuent à causer entre eux, s'approche du beau Spitermann qui est en train de raconter comment, en nageant sur le dos, autrement dit, en faisant la planche, il a sauvé une jeune fille qui venait de se jeter à l'eau par désespoir d'amour.

L'histoire menace de durer longtemps, car le baron veut faire comprendre que la jeune fille, étant arrivée sur lui, poussée par un flot, elle s'y était trouvée si bien, qu'en approchant de la terre elle avait entièrement perdu l'idée de se détruire. Belatout espère toujours que l'histoire va finir, et qu'il pourra entamer une conversation et obtenir de l'Allemand quelques renseignements sur son fils; mais on vient annoncer que le dîner est servi, et le baron faisait encore la planche avec la jeune fille qu'il sauvait.

— A table! à table! s'écrie M. Abraham, en s'élançant vers la porte. Tout le monde en fait autant; Belatout s'étonne que le major ne fasse pas mieux les honneurs, en faisant passer ses convives devant lui, mais, au lieu de cela, ce monsieur est allé un des premiers se placer à la table qui est dressée dans un salon voisin. Chacun s'assoit à sa guise; Cracoville a soin de faire placer Belatout à côté de lui.

Le petit Mirza se met près de son ami Spitermann, tout en chantant:

— *Je vais m'en fourrer, fourrer, fourrer jusque-là!*...

Le dîner est attaqué avec vigueur; les messieurs aux bijoux se font redonner deux fois du potage. Puis on passe du madère, et M. Abraham, qui semble décidé à faire beaucoup de sacrifices, garde la bouteille devant lui en disant:

— Je bois volontiers du madère tout le long du dîner, ou du moins fort souvent, je veux en avoir toujours sous la main.

Ma foi, major, vous faites bien les choses.... voilà un dîner qui vous fait honneur. (P. 105.)

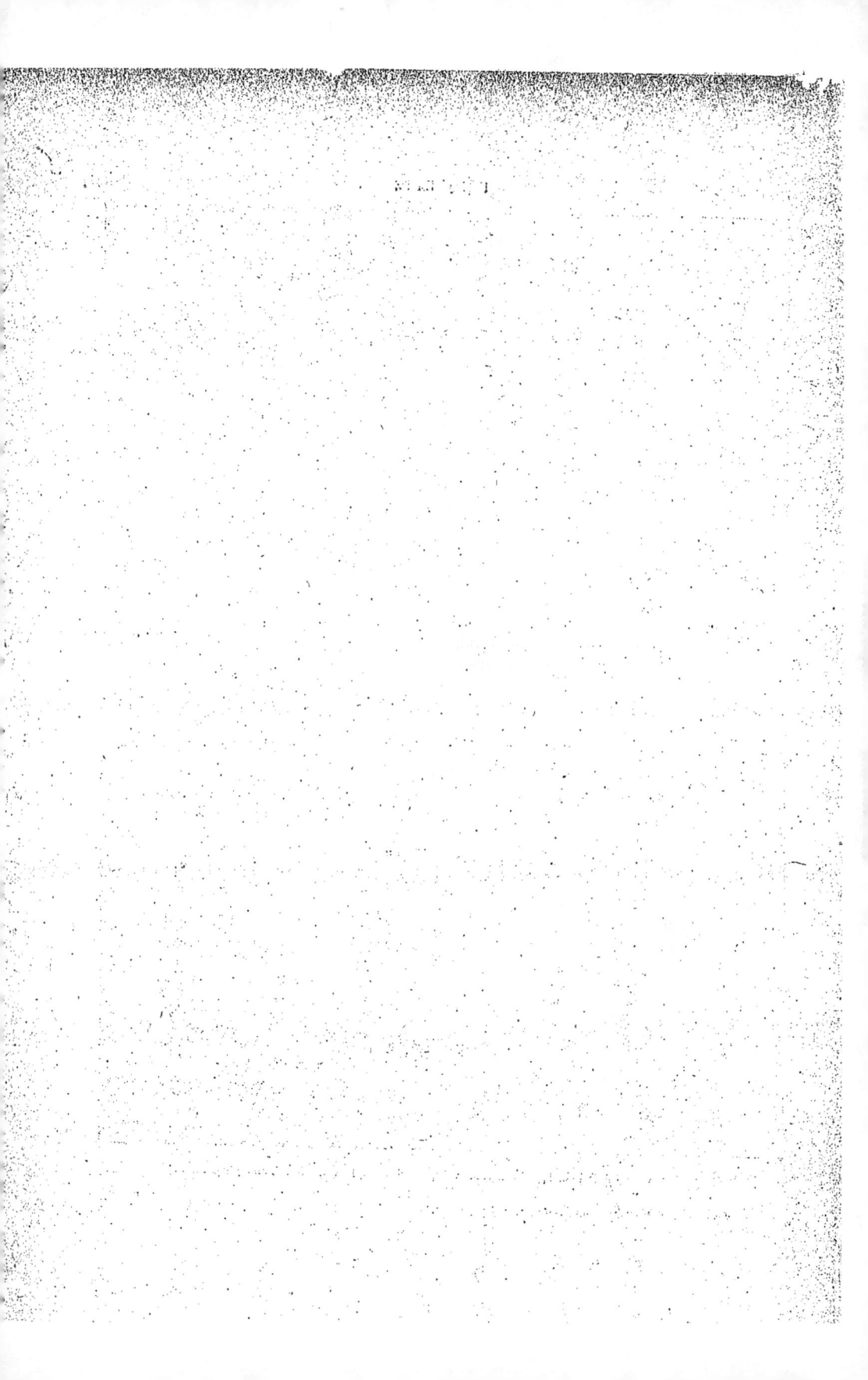

— Moi, dit Spitermann, vous me donnerez du johannisberg ; c'est le vin que je préfère.

— Moi, du moët frappé ! s'écrie l'artiste Mirza.

— Vous voyez, dit Cracoville à Belatout, on ne se gêne pas, ici ? Chacun prend le vin qu'il préfère.

— C'est vrai... votre major fait très largement les choses... C'est princier !... Alors, moi, je demanderai du beaune, du vieux beaune. Mais je désirerais bien faire causer le baron sur ce jeune homme... cet Eugène Belatout, que je cherche à Paris.

— Oh ! ce sera facile... le baron aime à causer... vous remarquerez même qu'il parle toujours.

— Oui, il parle de ses aventures galantes... et son histoire de la jeune fille qu'il a sauvée en faisant la planche a duré bien longtemps...

— Laissez-moi faire... je l'interrogerai.

— Excellent poisson ! s'écrie M. Abraham ; ma foi ! je me sacrifie, j'en demande encore.

— Prenez garde, papa Abraham, dit le petit Mirza, si vous vous sacrifiez ainsi dès le premier service, vous ne serez plus capable de rien à l'entremets.

— N'ayez pas peur... je suis toujours capable !... Je suis, une fois, resté à table quarante-huit heures, sans quitter et sans cesser de manger.

— Quarante-huit heures ! c'est magnifique !

— C'est-à-dire que c'est effrayant !...

— Messieurs, dit le baron, j'ai connu une Anglaise qui mangeait un gigot entier à son dîner...

— Tudieu ! quelle gaillarde !

— Je me suis même brouillé avec elle parce qu'elle voulait emporter au spectacle des côtelettes de porc frais grillées, qu'elle mangeait en guise de bonbons. C'était une femme superbe !... Mais elle avait une sœur avec laquelle j'eus une aventure piquante que je vais vous conter... Cette sœur se nommait Kretlekratle...

— Ah ! mon Dieu ! dit Belatout à Cracoville, cette aventure-là va être longue, et mon jeune homme...

— Attendez ! attendez !

Cracoville s'adresse alors à M. Spitermann, qui commençait sa nouvelle histoire :

— Pardon, monsieur le baron, désolé de vous interrompre, mais voici M. de Montabord qui désirerait bien obtenir de vous quelques renseignements...

— Sur Mlle Kretlekratle ?... Attendez, j'y vais arriver...

— Non, ce n'est pas de cette demoiselle qu'il s'agit; mais d'un jeune homme que vous connaissez beaucoup, dit-on, un nommé Eugène Belatout...

— Le petit Belatout!... Oui, sans doute, je le connais... C'est un charmant petit garçon. Eh bien?

— Eh bien, sa conduite, à Paris, n'est-elle pas plus que légère?

— Sa conduite est celle de tous les jeunes gens qui veulent et doivent s'amuser. Seulement, ce pauvre Eugène a pour père un imbécile, une ganache, qui ne veut pas que son fils s'amuse!

— Monsieur, dit Belatout qui a senti le rouge lui monter au visage, est-ce qu'un père n'a pas le droit de veiller sur son fils sans être pour cela un imbécile... et une ganache?

— Non, monsieur; quand on envoie son fils à Paris, on ne doit pas trouver mauvais qu'il veuille y goûter les plaisirs qu'offre cette ville... Il faut qu'un garçon fasse des folies... Mais je vous répète que le père Belatout est un sot, encroûté dans sa province!... Ça ne peut plus s'amuser et ça ne veut pas que les jeunes s'amusent!... Voilà toute l'histoire!

Belatout se mord les lèvres et frappe la table avec son couteau en murmurant:

— Ma foi, c'est bientôt dit!... Je ne comprends pas que l'on dise de quelqu'un: « C'est un sot! » quand on ne le connaît pas, et vous ne connaissez point le père du jeune Eugène...

— Dieu merci, et n'ai pas envie de le connaître; je juge les gens sur leurs actions. Cela me suffit!... Je reviens à la jeune Kretlekratle...

— Pardon, monsieur le baron, est-ce que vous avez vu Eugène Belatout depuis peu?

— Eh! sapremann, monsieur, est-ce que vous n'en avez pas fini avec vos questions?... Croyez-vous donc que je sois venu ici pour m'occuper d'Eugène Belatout?

— Je désirais seulement savoir son adresse..., pour la transmettre à un de mes amis.

— Son adresse! est-ce que je la sais, moi? Il vient me voir, mais je ne vais pas chez lui... Qu'ai-je besoin de son adresse?... J'ai une histoire charmante, piquante à conter à ces messieurs, et vous m'interrompez à chaque instant avec des questions qui n'ont aucun rapport avec ce que je dis! Laissez-moi parler, je vous en prie; mon aventure avec Kretlekratle est plus amusante que tous vos Belatout.

— Oh! oui, les aventures de femmes! s'écrie le petit Mirza, voilà la seule conversation que j'aime! Êtes-vous de mon avis, gros Abraham?

— Oh! moi, à table, j'aime mieux manger que parler, ça fait perdre des coups de dents.

Belatout ne dit plus rien; mais, pendant que le baron raconte sa nouvelle aventure, il ne cesse pas de frapper sur la table avec son couteau, ce qui impatiente beaucoup Spitermann, qui s'arrête tout à coup, et, s'adressant au joueur de couteau, lui dit:

— Monsieur, est-ce que vous croyez que mes paroles ont besoin d'accompagnement?

— Pourquoi cela, monsieur le baron?

— Parce que vous frappez continuellement avec votre couteau pendant que je parle.

— C'est une vieille habitude, monsieur.

— Si c'est une habitude, veuillez vous en défaire en ma faveur; si c'est pour qu'on ne m'entende pas parler, je vous préviens, monsieur, que je regarderai cela comme une insulte, et vous en demanderai raison!

— Eh bien, qu'est-ce à dire? s'écrie Cracoville. Quoi! baron, vous vous fâchez parce que M. de Montabord joue avec son couteau?... mais cela se fait dans les plus belles réunions!... Ce cher ami n'a certes pas eu l'intention de vous offenser, et, pour vous le prouver, il va trinquer avec vous, avec de votre johannisberg, dont nous voulons goûter aussi.

Belatout se hâte de tendre son verre en faisant un salut gracieux à Spitermann, qui daigne alors lui verser à boire en disant:

— A la bonne heure!... Trinquons, je le veux bien... mais, par grâce, laissez un peu votre couteau en paix.

— Je n'y toucherai plus, monsieur le baron.

M. Spitermann reprend le récit de son aventure galante avec Mlle Kretlekratle. Mais quoique Belatout ait cessé de frapper sur la table avec son couteau, on prête peu d'attention au baron, car chaque convive est arrivé à ce moment du dîner où l'on veut parler soi-même, et où l'on n'écoute plus les autres. On a tellement fêté les différents vins qui sont sur la table, que toutes les figures sont rouges, animées, et que c'est à qui parlera le plus haut, criera le plus fort. Belatout lui-même, ne voulant point avoir l'air de boire moins sec que ces messieurs, a accepté tous les toasts, fêté toutes les santés que l'on a portées, bu de l'eau-de-vie qu'on lui a offerte, et lorsqu'on quitte la table pour passer dans un salon où le café est servi, il prend le bras de M. Abraham en lui disant:

— Ma foi, major, vous faites bien les choses... voilà un dîner qui vous fait honneur. J'en suis tout... émerveillé!

Et le gros Abraham se met à rire en répondant :

— Oui, oui... je vois bien que vous êtes... émerveillé!... Mais l'addition sera fameuse... Si nous en sommes quittes pour quarante francs par tête, ce sera heureux... Mais, bah!... je vais vous gagner mon écot au lansquenet...

Belatout ne comprend pas; seulement, il vient de s'apercevoir qu'il ne parlait pas au major, et salue M. Abraham en balbutiant :

— Pardon... c'est votre chaîne d'or qui m'a trompé... le major en a une aussi...

— Tourte?... il a une chaîne en faux qui ne vaut pas quinze francs, tandis que la mienne vaut six cents francs, mossié!... pas un sou de moins! Est-ce que vous en avez envie?... Ça m'est égal, si elle vous plaît, je vous la cède... cinq cents francs comptant... je perdrai cent francs dessus, mais mes moyens me le permettent... Est-ce marché fait?

M. Abraham se disposait déjà à ôter sa chaîne, mais Belatout l'arrête en s'écriant :

— Mais non !... je n'ai pas la moindre envie de votre chaîne... J'aime mieux prendre du café...

— Alors pourquoi diable m'en parlez-vous?... Moi, pour le commerce, voyez-vous, je suis toujours là !... Si vous ne voulez y mettre que quatre cent cinquante francs, eh bien, on s'arrangera encore... Je suis très coulant en affaires...

— Mais, encore une fois, cher monsieur, je ne veux pas acheter de chaîne... C'est du cognac, que je veux!

— Vous avez tort, parce que c'est une occasion que vous ne trouverez peut-être jamais... Laissez-moi vous l'essayer...

Cracoville s'approche au moment où Belatout repousse M. Abraham, qui veut à toute force lui mettre sa chaîne.

— Mon cher ami, de grâce, venez à mon aide... monsieur veut absolument que je lui achète sa chaîne d'or, et, moi, je n'en ai nulle envie...

— Allons, papa Abraham, calmez-vous un peu... Quand il a une petite pointe de gaieté, il faut absolument qu'il fasse du commerce... Vous la vendrez plus tard, votre chaîne..., ou on vous la jouera au baccarat... Messieurs, voici des liqueurs délicieuses. Goûtez-en donc... ensuite on nous servira tout à l'heure un punch au kirsch dont vous me direz des nouvelles, et dont nous pourrons boire à gogo... Aimez-vous le punch au kirsch, mon cher Montabord?

— Beaucoup !... mais j'ai déjà tant bu de choses !

— Raison de plus pour fêter le punch ; il dissipe toutes les vapeurs du vin !

— Oh! alors, je m'y livrerai... Et le baron... il n'y a pas moyen de le faire jaser... sur le jeune homme... vous savez?

— Le baron!... Il vient de recommencer l'histoire de la jeune fille qu'il a sauvée en faisant la planche. Il y en a pour longtemps... Mais les cartes nous réclament... Ah! voilà le major qui taille un petit lansquenet... Allons, messieurs... allons tenter la fortune.

Belatout se laisse conduire à la table de jeu. Il roule des yeux effarés, en voyant que l'on joue de l'or, il balbutie :

— Est-ce qu'on ne peut pas ne jouer que vingt sous?

Tous les joueurs éclatent de rire :

— Vingt sous! s'écrie Spitermann, vingt sous!... vous nous prenez pour des croquants, pour des cuistres?... Le moindre enjeu est de cinq francs, c'est le minimum... puis nous passerons aux billets de banque... Seulement, messieurs, je préviens, moi, que je ne recevrai point de fétiches... je m'y suis laissé attraper plusieurs fois, j'en ai assez!

— Non, non, point de fétiches!

— Qu'est-ce que c'est qu'un fétiche? demande Belatout à son ami Cracoville, tout en savourant un verre de punch que celui-ci vient de lui passer.

— Un fétiche? c'est n'importe quoi... un brin de papier, une clef que l'on met au jeu en disant : « Ceci vaut dix louis... trente louis... ce qu'on veut. »

— Et celui qui gagne n'emporte qu'une clef?

— Il est sous-entendu que le possesseur de l'objet doit le lendemain aller le retirer en payant la valeur qu'il représentait. Mais il y en a qui oublient d'aller retirer leur gage...

— Le baron a raison... point de fétiches!...

Et Belatout, excité par le punch et les liqueurs, fouille à sa poche, en tire une poignée de napoléons et pose son or sur la table en s'écriant :

— Ah! messieurs... vous croyez que je ne vous tiendrai pas tête!... mais vous allez voir... Je joue ce qu'on veut!... je mets ce qu'on veut!... Tenez, en voilà des jaunets!...

— Ah! bravo... bravo... honneur à M. de Montabord!... Il avait voulu rire, tout à l'heure, avec ses vingt sous!...

— Messieurs, il y a soixante francs à faire...

— Je les fais! s'écrie Belatout.

— Très bien... Un roi... deux rois... vous avez perdu!

— Ça m'est égal, je les fais toujours.

— Il y a cent vingt francs...

— Je les tiens... Donnez-moi du punch... il est délicieux...

— Vous avez encore perdu... il y a deux cent quarante francs...

— Je les fais toujours...

— Oh! décidément, M. de Montabord est un beau joueur... Vous avez perdu...

— Je les fais...

— Pardon, mais je passe la main...

— Ah! le major a peur...

— Messieurs, je suis prudent, voilà tout!...

— Moi, je prends la main, dit Spitermann.

— Pardon, messieurs, s'écrie le major, avant que la partie recommence, je crois qu'il serait bon de régler notre compte avec le traiteur; voici la note que le garçon me donne... le punch est compris pour toute la soirée... le total est de trois cent vingt francs avec le pourboire du garçon. Ce qui fait, pour huit, quarante francs par tête... Que chacun paye son écot.

— C'est juste! payons notre écot.

— Baron, payez pour moi, dit le petit Mirza, je n'ai pas de monnaie...

— Abraham, paye pour deux, dit le monsieur aux boucles d'oreilles; nous réglerons plus tard...

— Cher ami... à votre tour!....

— Et M. Cracoville présente à Belâtout l'assiette dans laquelle chacun jette son écot. Belâtout ne veut pas comprendre qu'il faut payer un dîner auquel on l'a invité, et Cracoville s'empresse d'ajouter :

— C'est une quête au profit des demoiselles sans ouvrage.

— Ah! très bien... à la bonne heure!... du moment que c'est une quête pour les demoiselles... avec plaisir...

— Nous mettons quarante francs...

— Je les fais... je les ren... non, je les donne.

Belâtout ne sait plus ce qu'il dit : le punch, dont il abuse, achève de le griser complètement. Lorsque M. Spitermann fait sa banque, et dit : « Il y a deux cents francs, » Belâtout veut les faire, mais il a perdu tout son or; il tire alors son portefeuille dans lequel est un billet de mille francs, qu'il pose sur la table en disant :

— C'est fait!

Il perd, puis perd le double, et au dernier coup il ne lui reste rien de son billet de mille francs. Alors il demeure comme atterré, comme abruti de ce qu'il a fait; il se tâte, il n'a plus sur lui ni or, ni billets, il cherche son ami Cracoville, mais celui-ci n'est plus là; il ne trouve pour l'écouter que M. Abraham, qui lui dit :

— Vous auriez bien mieux fait de m'acheter ma chaîne... vous

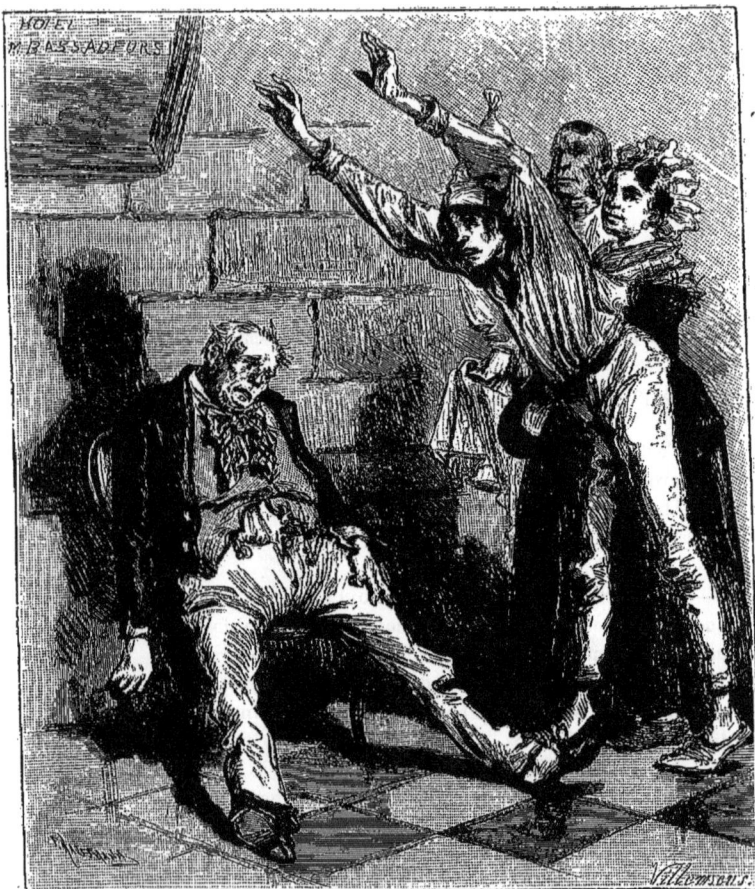

Qu'est-il donc arrivé à Monsieur?... Il a l'air à moitié mort. (P. 110.)

n'auriez pas tout perdu... Tenez, voulez-vous me faire un bon de trois cents francs?... J'ai confiance... je vous la donne...

Belatout, qui se sent fort mal à l'aise, repousse M. Abraham sans lui répondre, et sort du salon, où l'on étouffe, pour aller prendre l'air dont il a grand besoin. Il descend machinalement l'escalier et trouve en bas le garçon qui lui dit :

—Est-ce que monsieur cherche sa voiture?... Elle est arrivée et attend.

— Ah! oui... oui... la voiture... je crois que je ferais bien de rentrer chez moi.

Et, tout en trébuchant, mais aidé par le garçon, qui lui donne le bras, Belatout monte dans la victoria qui l'avait amené chez le traiteur.

XIII

LE LENDEMAIN D'UNE ORGIE

Quand on est déjà gris, quand on a trop mangé, trop bu, le mouvement d'une voiture ne fait qu'augmenter votre malaise, il est même rare que l'on puisse le supporter sans éprouver de fâcheux incidents. M. Belatout a crié plusieurs fois au cocher d'arrêter; celui-ci ne l'a pas entendu ou ne l'a pas écouté. Il en est résulté des choses désagréables pour l'intérieur de la voiture.

Lorsqu'on arrive à l'hôtel, et que le cocher veut aider à descendre celui qu'il vient de ramener, il s'aperçoit des dégâts commis dans sa victoria et s'écrie :

— Ah! quelle horreur!... en voilà un saligaud!... il a rendu son dîner sur mes coussins de soie orange... Ça vous coûtera gros, ça, monsieur... il faudra qu'on recouvre tout à neuf. J'aurais dû m'en douter quand il est monté, il a fallu qu'on le portât... Merci! quand il s'y met, celui-là, il s'y met bien.

Aux cris du cocher, les gens de l'hôtel arrivent. On reconnaît Belatout et l'on envoie réveiller son domestique pour qu'il vienne remonter son maître chez lui. Le cocher crie toujours et veut de l'argent, le maître de l'hôtel lui fait entendre qu'il n'a rien à craindre, et l'engage à revenir le lendemain avec la note de ce que doit son hôte pour ce qu'il a gâté dans sa voiture.

Jacquet arrive en caleçon et en bonnet de coton. En voyant son maître qu'on a assis dans le vestibule, il s'écrie :

— Qu'est-il donc arrivé à monsieur? Il a l'air à moitié mort!...

— Non; il n'est pas à moitié mort, mais il est entièrement gris. Montez-le chez lui... on va vous aider, et faites-lui prendre du thé.

On parvient à transporter M. Belatout dans sa chambre. Jacquet pleure sur le visage de son maître tout le long de l'escalier; puis va appeler Friquette, qui s'habille vivement et vient savoir ce qu'on lui veut.

— Not' maître vient de rentrer soûl comme une grive! dit Jacquet; il ne parle pas, il a l'air d'un hébété, venez; on prétend qu'il faut lui faire prendre du thé... moi, je crois qu'il a bien assez pris de choses!...

Friquette se hâte de se rendre près de son maître, qu'un garçon d'hôtel est parvenu à mettre dans son lit. La petite bonne fait du thé et en fait boire à Belatout, qui, à la seconde tasse, commence à se sentir mieux et balbutie :

— Tiens!... je suis dans mon lit... je suis donc rentré sans m'en apercevoir?

— Je crois bien que vous ne vous en êtes pas aperçu! dit Jacquet, vous n'étiez pas en état de vous apercevoir de rien... Ah! monsieur, étiez-vous gris!... il a fallu vous porter ici...

— Qu'est-ce que tu dis, Jacquet?

— Ne l'écoutez pas, monsieur; buvez encore cette tasse de thé et puis dormez; demain il n'y paraîtra plus.

— Tu as raison, Friquette, car j'ai bien envie de dormir.

Belatout boit son thé et laisse retomber sa tête sur l'oreiller. Alors Friquette s'éloigne, en disant à Jacquet :

— Toi, tu vas passer la nuit sur une chaise à côté de ton maître, pour être sous sa main, s'il a besoin de quelque chose.

— Sous sa main? merci!... il a sa table de nuit et tout ce qu'il faut dedans, ça doit lui suffire.

— Jacquet, vous devez veiller votre maître; restez là et n'en bougez pas...

— Si vous croyez que ça m'amuse!... je suis bien fâché qu'on m'ait amené à Paris.

— Taisez-vous, et veillez près de votre maître.

Friquette va retrouver Diana, à laquelle elle raconte ce qui s'est passé, et la jeune fille, inquiète de la santé de son père, veut se lever pour aller s'installer près de lui. Ce n'est pas sans peine que Friquette lui fait comprendre que le sommeil suffira pour rendre à M. Belatout sa raison et la santé. Et la petite bonne se frotte les mains en ajoutant :

— Au lieu de vous chagriner, réjouissez-vous, mademoiselle, car cette aventure servira vos amours.

— En quoi donc? Je ne comprends pas, Friquette.

— Vous ne comprenez pas que l'on n'a plus le droit de reprocher aux autres ce que l'on fait soi-même?

— Mais Marcelin ne se grise pas!

— Mais on lui reprochait de faire boire votre frère... de le mener dans ces repas d'hommes, où c'est à qui fera le plus de folies! Qu'on vienne donc lui dire cela maintenant!.... Ce qu'il y a de fâcheux, c'est que M. Marcelin ne sait pas l'adresse de votre frère et n'a pas encore pu le rencontrer à Paris... sans quoi, j'aurais averti M. Eugène, et il aurait su dans quel état son père est rentré hier.

Le lendemain, sur les neuf heures du matin, un monsieur se présente à l'hôtel et demande à voir M. Belatout. Puis il se reprend et dit :

— Non, c'est Montabord qu'il s'appelle à Paris, je l'avais oublié. On indique à cet individu l'appartement de Belatout; il pénètre dans une première pièce et y trouve Jacquet, qui a ronflé toute la nuit et n'est pas encore bien éveillé.

— Tiens! c'est M. Grandbec, dit le domestique en se frottant les yeux.

— Oui, Jacquet, c'est moi. M. Belatout est levé, je pense... puis-je le voir?

— Le voir?... oh! non; monsieur dort comme une souche, et je n'ai pas envie de le réveiller.

— Ah! il dort encore, lui ordinairement matinal? Il a donc veillé un peu tard hier?

— Veillé ?... drôlement! Figurez-vous qu'il est revenu à minuit passé, soûl à rouler... il ne pouvait plus se tenir... nous l'avons porté à trois dans son lit.

— Qu'est-ce que vous me dites là, Jacquet? ce n'est pas possible!... M. Belatout, si rangé, si sage!...

— Oui, à Bar-le-Duc! mais à Paris, c'est plus ça!... Oui, il court toute la journée... il dîne en ville dès le matin!... Tenez, demandez plutôt à Friquette, que v'là!...

Friquette a fait une petite mine bien naïve, en apercevant M. Grandbec; elle fait une belle révérence à ce monsieur.

— Bonjour, petite Friquette! je venais pour voir M. Belatout, mais Jacquet vient de me dire des choses... que je ne peux pas croire.

— Que vous a-t-il donc dit, monsieur?

— Que son maître était rentré hier au soir complètement gris... qu'il ne pouvait plus se tenir...

— Ah! Jacquet, comment! vous avez dit cela?

— Ce n'est peut-être pas vrai!

— Ce n'est pas une raison pour le dire... nos maîtres font des sottises, nous devons les cacher.

— Ah! ben, moi, je dis ce que je vois... tant pis! fallait pas m'emmener à Paris!... Oui, monsieur est rentré ivre-mort... et, cette nuit, est-ce qu'il ne m'a pas réveillé pour me dire : « Jacquet... j'avais mille francs... j'avais en or au moins quatre cents francs... Est-ce que j'ai tout perdu?... ou si je l'ai rêvé... Fouille dans mes poches. » Alors, moi, j'ai fouillé les poches de monsieur, et je n'y ai trouvé que deux macarons, une olive et une truffe; je lui ai donné tout cela et il s'est rejeté sur son oreiller en s'écriant : « Quatorze cents francs... perdus... et une chaîne d'or!... » Et il s'est rendormi.

— Diable! murmure Grandbec, si c'est comme cela que M. Belatout surveille son fils, il faudrait aussi quelqu'un pour le surveiller, lui!

— Monsieur, n'écoutez pas Jacquet; il nous conte le rêve de son maître... cela ne signifie rien.

— C'était pas un rêve, puisque j'ai fouillé dans toutes les poches de monsieur... il n'était pas sorti rien qu'avec deux macarons et une olive!

— Mais, taisez-vous donc, bavard!... Est-ce que monsieur vient loger dans cet hôtel?

— Non; je loge chez une personne à qui mon notaire m'a recommandé. Puisque M. Belatout dort encore, je reviendrai sur les midi; je pense qu'alors il sera éveillé.

M. Grandbec s'éloigne et Friquette se hâte d'aller conter à Diana la visite qui leur est arrivée. De son côté, Jacquet retourne près de son maître, qui ne tarde pas à s'éveiller, et lui dit :

— Jacquet, est-ce que j'ai été... indisposé, hier?

— Indisposé! Ah! c'est-à-dire que vous étiez gris à ne plus pouvoir vous soutenir.

— Il serait possible! Je tâche de me souvenir maintenant... Oui, j'ai dîné aux Champs-Élysées avec le major Tourte et M. de Cracoville...

— Ils vous ont mis dans un bel état!

— Le soir... j'ai joué...

— Et vous avez perdu quatorze cents francs... c'est ça qui est le plus vilain!...

— Tu crois, Jacquet, que j'ai perdu tant que ça?

— Dame, c'est vous qui me l'avez dit, cette nuit...

— Mais il fallait que j'eusse perdu la raison!

— Pardi! quand on est gris, est-ce qu'on a encore sa raison?

— Est-ce que ma fille sait tout cela?

— Je n'ai pas vu mam'zelle; mais Friquette vous a vu quand on vous a rapporté ici... c'est elle qui vous a fait du thé.

M. Belatout fronce le sourcil; il se lève, s'habille, se sent courbaturé, comme on l'est ordinairement le lendemain d'une ribote. Il se rend chez sa fille, qui court l'embrasser, en lui disant :

— Vous n'êtes plus malade, mon père?

— Non, ma chère amie; à ce dîner j'avais sans doute mangé de quelque chose qui m'aura fait mal.

— Vous êtes-vous bien amusé, au moins?

— Pas autant que je le croyais.

— Est-ce que vous dînerez encore avec M. de Cracoville, aujourd'hui?

— Non... je resterai avec toi... Je ne prendrai que du thé... cela me remettra tout à fait.

— Et mon frère, vous avez eu de ses nouvelles?

— Non, ce monsieur, qui le connaît, ne sait pas son adresse. Je commence à désespérer...

— M. Grandbec est venu pour vous voir; mais, comme vous dormiez, il reviendra à midi.

— Grandbec est à Paris? tant mieux! il m'aidera à trouver mon fils...

Belatout passe la matinée près de sa fille. Sur les midi, Grandbec se présente et salue Belatout d'un air tant soit peu narquois.

— Bonjour, monsieur Belatout!... Vous êtes éveillé enfin!

— Comment! je suis éveillé?... mais vous le voyez bien!

— Je veux dire... le repos vous a-t-il fait du bien? vous a-t-il remis de votre indisposition de la veille?

— Et qui vous dit que j'aie été indisposé hier? Est-ce qu'on ne peut pas dormir un peu tard sans être malade?

— Sans doute... mais je parle d'après ce que votre domestique m'a dit... que... hier au soir... vous étiez un peu... et même beaucoup...

— Beaucoup quoi?

— Dans les vignes du Seigneur.

— Mon domestique est un âne!... je m'étonne que vous ayez ajouté foi à ses balivernes... Depuis qu'il est à Paris, ce garçon voit tout de travers... Mais quel bruit entends-je?

Jacquet entre dans le salon en disant:

— Monsieur, il y a là un homme qui veut absolument être payé de ce que vous lui devez et qui dit qu'il ne s'en ira pas sans son argent:

— Qu'est-ce que cela signifie? je ne dois rien à personne, moi...

— Ah! tenez, monsieur, arrangez-vous avec lui... le v'là... il m'a suivi.

C'est le cocher de la victoria qui entre sur les pas de Jacquet en criant:

— Je n'entends pas qu'on me fasse droguer... Je n'ai pas le temps

de revenir, moi !... Tenez, monsieur, voilà la note de ce que vous me
devez.

— Mais vous vous trompez, mon cher, je ne vous connais pas...

— Vous ne me connaissez pas ?... ah ! je vous reconnais bien,
moi !... Je vous ai conduit hier chez un traiteur près de l'Arc de
triomphe... et je suis allé vous rechercher...

— Ah ! en effet. M. de Cracoville ne vous a donc pas payé !

— Personne ne m'a payé... voilà votre note.

Belatout examine la note, dont le total se monte à cent vingt-cinq
francs ; il s'écrie :

— Cent vingt-cinq francs pour deux courses de voiture !... Vous vous
moquez de moi, je pense ?

— Monsieur oublie donc ce qu'il a fait dans ma voiture !... il y a
vingt-cinq francs de location pour la journée et cent francs pour avoir fait
des renards sur les coussins en soie de ma victoria... c'est pas trop cher,
car vous en aviez fait, de ces saletés !... Ah ! on peut dire que vous aviez
votre plumet !

Belatout devient couleur betterave, il fouille à sa poche et se hâte de
payer et de renvoyer le cocher. Pendant ce temps-là, Jacquet rit aux éclats
et M. Grandbec se permet seulement de ricaner, en murmurant :

— Ah ! vous aviez votre plumet !... Je sais ce que cela veut dire.

Pour passer sa mauvaise humeur, Belatout commence par donner un
coup de pied dans le derrière de son domestique, en lui disant :

— Tiens ! voilà pour t'apprendre à me rire au nez. Va-t-en.

Alors Jacquet s'éloigne en criant :

— Est-ce que c'est ma faute à moi, si vous avez fait des renards dans
une voiture et si on vous a rapporté gris à rouler !... Une autre fois, je ne
vous veillerai plus ! car vous empoisonniez.

Heureusement Jacquet est déjà loin, sans quoi il est présumable qu'il
recevrait une gratification. Belatout tâche de reprendre un air enjoué en
disant :

— Oui... j'ai été un peu malade... j'avais dîné avec des hommes de
la plus haute volée... On a trop changé de vins, et quand on n'y est pas
habitué... Mais laissons cela. Vous voilà donc à Paris, mon cher Grandbec
depuis quand ?

— D'hier seulement.

— Vous m'aiderez à chercher mon fils, dont je ne puis pas parvenir
à savoir l'adresse...

— Je n'aurai guère le temps de vous aider dans vos recherches, je
viens ici pour suivre une affaire contentieuse : mon notaire m'a

recommandé de voir tous les jours les avoués, les avocats, d'aller au Palais... et de lui écrire tous les soirs un rapport de ce que j'aurai fait dans la journée... Je n'aurai pas le loisir de m'amuser, moi !... C'est égal, voici mon adresse que je vais vous laisser, et si vous aviez quelque chose d'important à me dire, écrivez-moi un mot... j'accourrai.

— Merci, mille fois !

M. Grandbec essaye de lier conversation avec Diana, mais celle-ci ne lui répondant que par monosyllabes, il ne tarde pas à prendre congé de la famille Belatout. A peine ce monsieur est-il parti, que l'on vient dire à Belatout que M. de Cracoville l'attend dans le salon de réunion. Notre provincial prend un air sévère et se rend au salon en disant :

— Je suis curieux de savoir comment ce monsieur m'expliquera sa conduite d'hier.

En apercevant Belatout, Cracoville court lui prendre la main, en s'écriant :

— Eh ! mon cher ami, qu'ai-je appris? vous avez été indisposé hier en rentrant... la chaleur vous a fait du mal!... Ah! combien je regrette de n'avoir pas été là quand vous êtes parti... je vous aurais accompagné.

— En effet, monsieur, je croyais... je pensais revenir avec vous, mais je vous ai cherché en vain...

— Eh! pardieu, parce que moi-même je me suis senti indisposé... très indisposé... J'ai été obligé d'aller prendre l'air... j'allais m'évanouir!...

— Expliquez-moi donc comment il se fait que l'on m'ait fait payer mon écot à un dîner que le major donnait?

— Ah! ceci est ma faute!... Je me suis trompé... j'avais mal entendu, c'était un pique-nique... mais de ces pique-niques où l'on n'est pas admis sans y être invité... Vous conviendrez que tout était délicieux... et quels vins! hein? vous qui vous y connaissez!

— Il y en avait trop, de vins... cela m'a fait perdre la raison... j'ai joué comme un fou! Savez-vous, monsieur, que j'ai perdu quatorze cents francs à votre scélérat de pique-nique?

— Cela ne m'étonne nullement! moi, j'ai bien perdu deux mille francs!

— Vous avez perdu deux mille francs?

— C'est comme j'ai l'honneur de vous le dire. C'est ce diable de Spitermann qui a gagné tout cela... il a un bonheur insolent! Mais bah! nous prendrons notre revanche; au jeu cela va et ça vient... aujourd'hui on perd, demain on gagne.

— Oh! merci, je n'ai pas envie de recommencer!...

— On dit cela, mais il faut bien faire quelque chose. Tout le monde

Tiens, voilà pour t'apprendre à me rire au nez... Va-t'en!.. (P. 115.)

joue ici-bas : les hommes faits, à la Bourse, aux cartes, aux affaires, les jeunes gens jouent leur santé avec des femmes qui jouent de la prunelle ; les militaires jouent leur vie, et les politiques jouent tout le monde.

— C'est possible ; mais, à Bar-le-Duc, je m'amusais tout autant à jouer dix sous qu'ici à jouer dix louis ; cela m'amusait même mieux.

— Très bien ! mais vous n'êtes plus à Bar-le-Duc, et il faut se conformer aux usages de la ville que l'on habite. Venez-vous faire un tour de promenade?

— Merci, je reste avec ma fille.

Cracoville comprend qu'il faut laisser au provincial le temps de se remettre des émotions de la veille; il le quitte en lui disant :

— Je vous laisse en famille... je vais continuer de chercher ce petit Belatout qui vous intéresse, et si j'apprends quelque chose, j'accours vous en instruire.

— Ce diable d'homme arrange les choses de façon qu'il n'y a plus moyen de lui en vouloir! se dit Belatout lorsque Cracoville est parti. C'est égal, je n'irai plus à ses pique-niques... ces messieurs-là jouent trop gros jeu, et ce baron allemand qui connaît mon fils n'est pas aimable du tout, il ne parle que de ses bonnes fortunes! Je crois que j'aimerais encore mieux celui qui voulait absolument me vendre une chaîne d'or.

Belatout va promener sa fille sur les boulevards. Friquette le suit par derrière et fait le télégraphe avec Marcelin, qui, cette fois, ne peut pas approcher de Diana et doit se contenter de l'admirer de loin.

Au moment de rentrer à leur hôtel, le père et la fille se trouvent nez à nez avec M. Plantureau; on s'arrête des deux côtés :

— Tiens! c'est Plantureau!...

— Ah! Belatout et mademoiselle!... enchanté de vous rencontrer... Vous arrivez à Paris?

— Oh! il y a plus de quinze jours que nous y sommes... Eh bien, Plantureau, es-tu content? ta nouvelle invention pour les chemins de fer est-elle adoptée?

— Hum!... pas encore... j'ai les grappins, j'en ai fait faire de toutes les dimensions, j'en ai plein une chambre, mais le difficile, c'est de les faire admettre... il y a une compagnie qui m'a dit : « Monsieur, pour que nous puissions juger du mérite de votre invention, il faut que vous lanciez vous-même vos grappins... »

— Eh bien, lance-les.

— Tu es bon, toi! il faut être très fort pour lancer cela et avoir l'habitude de la gymnastique... J'ai voulu essayer chez moi d'en lancer un dans la cour... je loge au premier, cela devait aller tout seul; j'ai manqué de me jeter par la fenêtre et je me suis donné un lombago.

— Alors voilà ton invention refusée?

— Non pas! je vais chercher une mécanique sur laquelle on placerait mes grappins de façon qu'en poussant un ressort, ils descendraient d'eux-mêmes sur la voie et arrêteraient le convoi.

— Bonne chance! moi, je cherche ici mon fils, et je n'ai pas encore pu obtenir le plus petit renseignement sur lui! je ne sais ni où il loge, ni où il va.

— Ma femme est plus heureuse que toi, elle a vu ton fils... elle a même été au spectacle avec lui.

— Il serait possible!... qu'est-ce que tu me dis là!... Ta femme sait où demeure Eugène?

— Je ne te dis pas qu'elle sait où il demeure... ce n'est même pas probable; ne vas-tu pas croire que ma femme a été chez lui!... Elle est forte, celle-là!

— Alors, qu'est-ce que tu me dis de ta femme et de mon fils?... Explique-toi donc.

— Il y a quelques jours, Eulalie m'a dit : « Je viens de rencontrer M. Eugène Belatout; il m'a proposé de te faire... bien des compliments et m'a offert de me mener demain au spectacle, parce qu'il a un billet. » Je lui ai répondu : « Je ne sais pas si mon mari voudra me laisser aller au spectacle sans lui; venez demain chez nous, dans la journée, je vous rendrai réponse. » Moi, je ne pouvais pas aller au spectacle, j'avais mon lombago; si c'eût été pour aller à un théâtre... léger, je m'y serais peut-être opposé; mais c'était pour aller à l'Odéon! je n'y ai vu aucun inconvénient, et j'ai consenti. Ton fils est venu chercher ma femme, il l'a menée au spectacle, puis me l'a ramenée le soir... en voiture, parce qu'il pleuvait... et voilà tout; je ne l'ai pas revu depuis.

— Mais ta femme a eu tout le temps de causer avec lui; il est probable qu'elle sait ce qu'il fait. Elle pourra me donner des renseignements... Demain matin, j'irai chez toi questionner ta femme... ça ne te contrarie pas?

— Et en quoi veux-tu que ça me contrarie?... Tiens, voilà mon adresse... nous t'attendrons demain... tu pourras essayer un de mes grappins... tu es très fort, toi! je suis sûr que tu le lanceras bien.

— Merci! je ne l'essayerai pas. A demain, Plantureau!

— Bonjour, mademoiselle! je vous présente mes respects.

XIV

LA BELLE ETHELWINA

Le lendemain, dès qu'il a terminé son déjeuner, Belatout se rend chez son ami Plantureau, qui habite un petit hôtel très modeste, au Marais. Il trouve l'inventeur plongé dans ses calculs, et sa femme occupée de sa

toilette. Il explique sur-le-champ à la piquante Eulalie le motif de sa
visite.

En apprenant que son mari a rapporté à Belatout qu'elle était allée
au spectacle avec son fils, cette dame se pince la bouche, se pince le nez,
se pince peut-être encore autre chose et s'écrie d'un ton aigre :

— Mon Dieu! que mon mari est bavard, et qu'a-t-il besoin de
raconter ainsi ce que je fais!...

— Madame, c'est qu'il n'y a vu aucun inconvénient et n'a pas pensé
que vous voulussiez faire un mystère de cet incident.

— Non, sans doute, monsieur, ce n'est pas un mystère! mais ce
n'en est pas moins ridicule d'aller conter à ses amis les moindres actions
de sa femme.

— Ridicule, si vous voulez, madame, mais je vous serai fort obligé
de vouloir m'apprendre ce que vous savez sur mon fils : que fait-il à Paris?
de quoi vit-il? où loge-t-il?

— Ah! ça, monsieur, est-ce que vous vous figurez, par hasard, que
j'ai fait toutes ces questions-là à monsieur votre fils? Il m'a menée au spectacle, a été très aimable, avec moi, m'a fait accepter des bonbons et des
oranges, puis m'a ramenée chez moi; voilà tout, monsieur, et je n'en sais
pas davantage.

— Mais enfin, madame, vous avez causé dans les entr'actes!

— Oui, monsieur, de la pluie, du beau temps, de la pièce et des
acteurs.

— Il ne vous a pas parlé de moi?

— Pas une seule fois...

— Ni de ce qu'il compte faire à Paris?

— Pas davantage!

— Et devez-vous le revoir bientôt?

— Est-ce que vous croyez que j'ai pris rendez-vous avec lui!... En
vérité, monsieur Belatout, vous me faites des questions presque aussi
saugrenues que les inventions de mon mari!... Allez donc voir ses grappins, qui remplissent toute une chambre dont il nous faut payer la location, et vous m'en direz des nouvelles!... Il me mettra sur la paille avec
ses inventions. Ah! quel malheur d'épouser un inventeur!

Belatout ne peut obtenir, d'autres détails sur son fils, et, comme
Mᵐᵉ Plantureau semble blessée de son insistance à la questionner à ce
sujet, il prend le parti de la retraite, sans vouloir écouter Plantureau, qui
veut lui faire voir ses grappins.

De retour à son hôtel, il se rend dans le salon commun en se disant :

— M. de Cracoville a peut-être appris quelque chose. Il m'a entraîné à un dîner où j'ai perdu ma raison et de l'argent... c'est vrai ; je n'irai plus aux pique-niques du major Tourte, mais enfin ce n'est pas une raison pour que je rompe avec M. de Cracoville, qui connaît tout Paris et ne peut pas manquer de me faire bientôt trouver mon fils. Je sais déjà que le drôle se porte bien, puisqu'il mène les dames au spectacle... mais cela ne me suffit pas.

Au lieu de Cracoville, c'est Mme de Vanilley que Belatout trouve dans le salon, toujours posée de la même manière sur la causeuse, de façon à mettre en évidence son bras, son pied et la naissance de son mollet.

Belatout, qui est moins emprunté que dans les commencements de son arrivée à Paris, va saluer cette dame et entame la conversation :

— Madame est de retour de la campagne, à ce que je vois?...

— Oui, monsieur, je suis revenue hier au soir.

— Madame s'y est-elle beaucoup amusée?

— Mais, pas trop. Tenez, monsieur, on va à la campagne en été parce qu'on croit qu'on y trouvera de la fraîcheur, de l'air, des émanations embaumées ! Eh bien pas du tout; on trouve là un soleil cent fois plus brûlant, de l'herbe grillée, des promenades où, pour attraper un peu d'ombre, il vous faut d'abord attraper des coups de soleil... puis des mouches, des insectes qui vous piquent; le soir, si on s'assoit sur l'herbe on ne respire pas toujours des odeurs bien suaves et, quand vous rentrez, vous êtes couverte de cousins qui vous ont abîmé la peau, si bien que vous passez la nuit à vous gratter... Voilà, monsieur, les agréments que l'on trouve à la campagne.

— C'est vrai, madame; pour se plaire à la campagne, il faut y être habitué.

— Ce n'est pas tout : si l'on veut de beaux fruits, il n'y en a pas; le chemin de fer les porte à Paris. Du lait? c'est la même chose... on le porte à Paris. Tout ce qu'il y a de bon, de recherché, toutes les primeurs sont pour Paris!... Vous voyez donc bien, monsieur, qu'il vaut mieux être à Paris, puisqu'on peut au moins y trouver tout ce qu'on désire. J'habitais un château... un fort beau château! il y avait un jardin superbe, un parc, une pièce d'eau, et des appartements à n'en plus finir ! Pour arriver dans celui que l'on m'avait donné, il me fallait traverser une enfilade de pièces .. Eh bien, tout cela n'était pas gai; j'avais peur, le soir, dans cet immense château, nous étions cependant trois dames et plusieurs messieurs, sans compter la valetaille : mais il faudrait cent personnes pour donner de la vie à une si grande propriété... Ah! monsieur, si vous saviez avec quel plaisir je me retrouve à Paris!... Décidément la campagne n'est jolie que dans les ballets de l'Opéra.

Cette conversation est interrompue par l'arrivée d'une dame, qui court embrasser Mme de Vanilley et paraît enchantée de la voir.

Belatout est resté tout saisi à l'aspect de cette dame, dont la toilette est des plus élégantes et du meilleur goût. C'est une femme de vingt-huit ans, grande, bien faite, de belle tournure; c'est une blonde aux yeux bleus, au teint rosé; elle a de magnifiques cheveux arrangés sur sa tête de manière à en laisser deviner l'épaisseur et la beauté; sur sa bouche mignonne, un sourire charmant laisse souvent voir deux rangées de perles d'une blancheur admirable; enfin c'est une fort belle femme, et ce qu'il y a en elle de plus agréable encore, c'est qu'elle a l'air d'*un bon garçon*.

— Comment! c'est vous, ma chère Ethelwina! dit Mme de Vanilley, en se levant à demi pour recevoir son amie. Ah! que vous êtes gentille d'être venue me voir!...

— Dieu merci, vous nous êtes donc rendue enfin!... avec votre maudite campagne!... Ah! je m'ennuyais beaucoup après vous! Aussi, ce matin, dès que j'ai appris par Cracoville que vous étiez revenue, je me suis hâtée d'accourir... pour embrasser ma bonne Zuléma...

— Merci mille fois, ma chère! Mais, venez, nous allons passer chez moi... je ne dois pas vous recevoir ici...

— Et pourquoi donc? n'y sommes-nous pas très bien, à moins que nous ne gênions monsieur, avec qui vous étiez en train de causer et qui m'en veut peut-être d'avoir interrompu votre entretien...

Ces mots sont accompagnés d'un sourire charmant, de regards fascinateurs qui s'arrêtent souvent sur la superbe épingle en diamant que Belatout porte dans le nœud de sa cravate; mais comme l'épingle est fort près du visage, notre provincial peut bien s'y tromper et prendre toujours pour lui les œillades que l'on adresse à son gros diamant.

Belatout s'incline en balbutiant :

— Madame, vous ne devez pas penser que votre présence... assurément!... je causais avec Mme de Vanilley... ce n'était pas bien intéressant... mais c'est moi qui crains d'être indiscret en restant ici, et je vais...

— Ah! monsieur, si vous vous en allez, je croirai que c'est moi qui vous fais sauver et je vous en voudrai beaucoup!...

— Puisqu'il en est ainsi, je reste, madame; je serais trop malheureux de vous déplaire.

— A la bonne heure!... Venez vous asseoir près de nous, et causons tous les trois... Zuléma, vous allez me présenter monsieur... la mode anglaise; on sait tout de suite avec qui l'on est.

— Toujours aussi folle, cette chère Ethelwina!...

— Madame se nomme Ethelwina?

— Oui, monsieur; est-ce que vous me connaissez?

— M. de Cracoville m'avait parlé de vous, madame.

— Ah! Cracoville vous a parlé de moi?... Et que vous en a-t-il dit? des horreurs, n'est-ce pas?

— Ah! madame, vous savez bien que, de vous, il n'y a que des éloges à faire...

— Ceci est très galant! trop galant même!... Prenez garde, monsieur, moi, je crois tout ce qu'on me dit. Vous habitez cet hôtel?

— Oui, madame.

— Seul?

— Non... avec ma fille...

— Venez-vous vous fixer à Paris?

— Je ne le pense pas... je suis à la recherche d'un jeune homme, et quand je l'aurai retrouvé...

— Vous repartirez!... Fi donc!... il faut rester avec nous...

— Mais j'ai des propriétés à Bar-le-Duc...

— Le pays des confitures... Vous m'en enverrez?

— Avec grand plaisir, madame.

— Vous me trouvez un peu sans façon, n'est-ce pas? mais moi, je déteste les cérémonies; je dis qu'il faut laisser cela aux gens qui n'ont pas autre chose à penser... Vous connaissez donc Cracoville?

— Oui, madame; ce monsieur a été fort obligeant pour moi, il a daigné plusieurs fois me servir de guide dans Paris que je connais à peine, n'y étant venu qu'une seule fois, et il y a vingt-cinq ans!

— En effet, vous avez dû le trouver changé, monsieur?... Ah! votre nom, s'il vous plaît?

— Montabord, pour vous servir, madame.

— Eh bien, monsieur de Montabord il faut faire plus ample connaissance avec Paris; nous tâcherons de vous le rendre agréable...

— C'est déjà fait, madame, quand on vous y rencontre.

— Ah! mais vous avez de l'esprit!... toutes les dames voudront faire votre conquête!... Prenez garde! je suis capable de me mettre aussi sur les rangs...

— Ah! madame!

Belatout ne se sent pas de joie; jamais il ne s'était trouvé à pareille fête; la belle Ethelwina réalisait pour lui tout ce que son imagination avait pu se créer de plus attrayant, et cette femme séduisante, cette femme, aussi remarquable par ses charmes que par sa toilette, attachait sur lui ses plus doux regards et le traitait déjà comme s'il lui était connu depuis longtemps. Il y avait bien là de quoi tourner la tête à un homme de cinquante ans, qui n'avait jamais fait de folies et qui, par conséquent, n'était point sur ses gardes.

— A propos, ma bonne Zuléma, tu sais que je vais donner une fête, un bal, un raout, une nuit agitée, enfin?

— Ah! je croyais que tu l'avais donnée, ta fête!

— Par exemple! en ton absence, peut-être? Est-ce qu'il y a de bonnes fêtes sans toi?...

— Tu es trop aimable!... Et quand dois-tu donner cette fête?

— Je n'ai pas encore fixé le jour... ce sera bientôt... cela dépend du baron... Spitermann a toujours tant d'engagements!... Connaissez-vous le baron Spitermann, monsieur de Montabord?

— Madame, j'ai eu l'avantage de dîner avec ce monsieur il y a trois jours... dans un pique-nique... aux Champs-Élysées.

— Ah! oui, j'ai entendu parler de ce dîner... Comment trouvez-vous le baron?

— Madame, je le trouve... je le trouve... fort bel homme...

— Ah! ah! ce n'est pas de son physique que je veux parler, mais de son humeur, de son caractère... Il est bien embêtant, n'est-ce pas?

— Madame... franchement, je ne me serais pas permis de dire cela!

— Mais vous l'auriez pensé. Je gage que Spitermann vous aura, pendant tout le temps du dîner, parlé de ses bonnes fortunes, des femmes qui l'ont adoré... D'abord, je ne trouve rien de plus sot qu'un homme qui parle de ses conquêtes... quand on a su plaire à une femme, quand elle a cédé à vos désirs, la discrétion n'est-elle pas le premier des devoirs d'un homme et le mystère n'ajoute-t-il pas un charme de plus à une intrigue galante?

Ces mots sont accompagnés de regards bien expressifs adressés à l'épingle de Belatout, qui en est tout ému, et croit devoir pincer sa bouche avec force et tenir un doigt sur ses lèvres. La belle Ethelwina reprend:

— Mais Spitermann croit que toutes les femmes doivent lui céder et lui être fidèles.. voilà ce qu'il y a de plus plaisant! C'est un homme que je suis obligée de ménager, parce qu'il s'intéresse à mon avenir; ce qui ne m'empêche pas de le trouver souvent bien insupportable! Ainsi, c'est bien convenu, tu viendras à ma fête?...

— Peux-tu en douter!

— Et tu m'amèneras M. de Montabord, qui, je l'espère, ne refusera pas mon invitation.

— Madame, en vérité, je suis confus... je suis si flatté...

— C'est entendu, je puis compter sur vous?

— Assurément?... c'est un bal?

Ah! qu'il est gentil!... au revoir!... Baisez ma main... (P. 129.)

— Un bal, un concert, on fera un peu de tout....

— Pourrai-je vous amener ma fille?

Ethelwina sourit, lance un regard à son amie, puis répond :

— Pourquoi donc pas?... elle nous fera grand plaisir!... Seulement, je dois vous prévenir que l'on dansera des danses... de caractère... entre autres des pas espagnols qui exigent des poses un peu risquées... et cela peut effaroucher une demoiselle qui ne fréquente pas assidûment nos théâtres...

— Oh! vous avez raison, cela effaroucherait ma fille, d'autant plus qu'elle est fort timide... Il vaut mieux que je ne l'amène pas.

— Pour cette fois, ce sera peut-être le plus sage. Mais j'oublie ici que j'ai mille courses à faire... ma modiste, ma couturière... ma bijoutière... Ah! monsieur de Montabord, vous portez une bien belle épingle!...

— Vous trouvez, madame?

— C'est un superbe diamant!

— Oui, il est assez beau...

— Il lance tant de feu qu'on en est ébloui... Mais je bavarde... et le temps passe... Adieu, Zuléma!... A bientôt!... Monsieur de Montabord, j'espère vous revoir ici avant peu...

— J'attendrai ce moment avec impatience, madame.

La belle dame quitte le salon, accompagnée par son amie, qui la reconduit jusqu'à la voiture qui l'attend en bas... Belatout, en rentrant chez lui, rencontre Friquette, qui rôde toujours dans les escaliers et qui s'écrie :

— Pour une jolie femme, on peut dire voilà une jolie femme... Et quelle toilette! quelle élégance!

— Ah! tu as aperçu cette dame qui sort du salon?

— Oui, monsieur; elle descendait l'escalier avec l'autre... qui ne brille pas à côté d'elle... et j'ai entendu qu'elle disait : « Mon Dieu, comme ce M. de Montabord est aimable, et que je suis charmée d'avoir fait sa connaissance!... »

— Vraiment, Friquette, elle disait cela?

— Oui, monsieur; moi, d'abord, comme je ne pense pas que vous vous faites appeler ici Montabord, je ne croyais pas que c'était de vous qu'elle parlait... mais elle a repris : « Je veux qu'il vienne chez moi : entends-tu? ma chère, tu l'amèneras... je le veux!... » Il paraît qu'elle y tient!...

— Elle a dit cela?

— Oui, monsieur, et puis encore autre chose, mais comme elle a parlé plus bas, je n'ai pas entendu.

Belatout est au troisième ciel. Il rentre chez lui, se regarde dans la glace, puis appelle un garçon d'hôtel, auquel il demande un coiffeur; il ne trouve plus ses cheveux taillés à la mode; il ne remarque pas qu'il lui en reste fort peu, et que s'il les fait rogner, il sera presque chauve. Un coiffeur arrive; Belatout lui confie sa tête, et l'artiste en cheveux lui jure qu'il lui fera une raie. Pendant qu'on travaille à le rajeunir, Cracoville lui fait demander s'il peut le recevoir.

— Oui, oui, qu'il vienne! Il suit les modes, il me dira si je suis coiffé comme il faut.

Cracoville qui a rencontré Mme Ethelwina, aborde Belatout en souriant.

— Eh bien, mon cher, avais-je menti en vous faisant l'éloge de Mme Ethelwina? dit-il en serrant la main à Belatout.

— Non; oh! vous ne m'en aviez même pas dit assez; elle est ravissante.... adorable... à croquer... et d'une amabilité!...

— Je suis charmé que vous la trouviez ainsi, car, de son côté, savez-vous ce qu'elle m'a dit à votre sujet?

— Elle vous a parlé de moi?

— A l'instant même.

— Vous l'avez donc rencontrée?

— Oui, chez son bijoutier, où elle achetait des perles fines.

— Et elle vous a parlé de moi!...

— Je crois bien! elle ne m'a parlé que de vous!... Diable! cher ami! vous avez de la chance! vous faites sur-le-champ la conquête d'une des plus jolies femmes de Paris, et des plus courues!

— Cette dame est courue?...

— Je veux dire que tous les hommes en sont fous!... C'est à qui se mettra en quatre pour lui plaire; aucun n'y parvient de nos hommes les plus à la mode, et crac!... voilà que vous arrivez de votre province, et que vous enfoncez les Parisiens!... J'appelle cela de la chance.

— Permettez, cependant... puisqu'elle est la maîtresse de ce M. Spitermann..,

— Eh! mon bon, est-ce que cela compte?... Il faut bien qu'une femme ait toujours quelqu'un derrière elle pour payer sa couturière et sa modiste!... Mais ce n'est jamais celui-là qui est aimé!

— Vraiment, ce n'est pas celui-là?... Alors, il vaut mieux ne rien donner?

— Hormis les mille et une bagatelles qui sont les jouets de la beauté...

— Enfin, que vous a dit de moi cette dame?

— Elle m'a dit : « Je viens de faire connaissance avec un monsieur qui habite votre hôtel, M. de Montabord; c'est un homme charmant, du meilleur monde... Je le trouve cent fois préférable à tous les dandys de Paris!... »

— En vérité, elle a dit cela?

— Elle a ajouté : « Il est plein d'esprit, sa conversation m'a charmée; aussi l'ai-je engagé à venir à la fête que je vais donner... » Vous voyez que vos affaires sont en bon chemin. Ma foi, quoique je sois un peu mortifié de vous voir réussir où j'ai échoué, je trouve ce Spitermann si fat, que je serais enchanté qu'elle le trompât avec vous!

— Quoi!... vous pensez que je parviendrai...

— A tout ce que vous voudrez!... Je n'en doute nullement

— Si je le croyais!... Me trouvez-vous bien coiffé ainsi?

— Très bien! vous avez vingt-cinq ans!

— Je les ai eus!

— Vous les avez encore... Dînons-nous ensemble?

— Ma foi, oui... Et, tout en dînant, nous causerons de la belle Ethelwina.

Belatout va dîner au Palais-Royal avec Cracoville; pendant tout le temps du repas, celui-ci l'entretient de la belle maîtresse de Spitermann, et lui persuade qu'elle a une passion pour lui. Notre provincial prend au pied de la lettre tout ce qu'on lui débite : il ne pense plus qu'à la belle Ethelwina. Cependant, lorsqu'il rentre le soir, il s'aperçoit que Friquette éclate de rire en le regardant. Il s'arrête devant la bonne.

— Qu'est-ce qui te fait rire?

— Ah! not' maître, c'est que vous êtes si drôlement coiffé!... Vous n'avez presque plus de cheveux...

— C'est qu'ils sont frisés!

— Oh! oui... et joliment frisés au-dessus des oreilles!

— Est-ce que ça me va mal?

— Ça vous change tout plein... Vous avez l'air d'un enfant de chœur.

— Alors, ça me rajeunit?

Pendant les jours suivants, Belatout se rend au salon commun dès qu'il a déjeuné et n'en bouge plus, de crainte de manquer la visite de l'élégante Ethelwina. Enfin le troisième jour, cette dame arrive, et, madame Vanilley n'étant pas encore descendue, Belatout se trouve seul avec la belle maîtresse du baron Spitermann. Celle-ci affecte une vive émotion en le voyant et dit d'une voix qui semble très émue :

— Ah! vous voilà, monsieur de Montabord! Que je suis heureuse de vous rencontrer!... Avez-vous un peu pensé à moi?

— Si j'y ai pensé, madame! Je n'ai fait que cela!..

— Et moi!... O Dieu, que c'est singulier qu'il y ait comme cela de ces sympathies auxquelles on ne peut se soustraire!... C'est plus fort que soi! Vous vous sentez entraînée comme par un fluide magnétique... Je n'avais jamais éprouvé pour aucun homme ce que j'ai ressenti à votre aspect...

— Quoi! madame, il se pourrait...?

— Oh! je suis folle! je vous dis de ces choses qu'une dame doit cacher... mais c'est le sentiment qui m'entraîne...

— Ah! dites! dites toujours... ne vous gênez pas...

— Non... chez moi nous causerons... Je donne ma fête samedi... vous viendrez?

— Pouvez-vous en douter!

— Donnez le bras à Zuléma, c'est une amie fidèle... On peut se fier à elle.

— J'aurai l'honneur de l'accompagner.

— Et puis il est censé que c'est elle qui vous amène, qui vous présente chez moi... Je suis forcée d'agir ainsi à cause de mon Allemand... Vous comprenez?...

— Oui... à peu près...

— Je vais aller chez Zuléma la prévenir... Ainsi, c'est bien convenu?... En tout cas, voici mon adresse. Si madame de Vanilley ne pouvait pas venir, vous viendriez seul, en disant qu'elle vous envoie.

— J'irais sur la tête, plutôt que de manquer l'occasion d'être avec vous!

— Ah! qu'il est gentil!... Au revoir!... Baisez ma main...

— Ah! madame!...

— Assez... assez... ça me va au cœur!... A samedi, mon bon!

— A samedi, femme incomparable!...

XV

AVANT LE BAL

Belatout ne songe plus qu'à la belle dame dont il croit avoir fait la conquête, et quand sa fille lui dit :

— Papa, avez-vous des nouvelles de mon frère? il ouvre de grands yeux, semble sortir d'un rêve, et répond :

— Ton frère?... ma foi, non!... Je ne sais pas où il se fourre, mais je ne le rencontre nulle part... Au reste, rien ne presse, nous avons le temps!...

— Nous resterons donc longtemps à Paris?

— Nous y resterons... jusqu'à ce que j'aie trouvé ton frère...

— Et ce sera long! dit tout bas Friquette; c'est comme si on le faisait chercher par Jacquet.

Belatout ne manque pas de faire part à Cracoville de l'invitation qu'il a reçue pour le samedi suivant, en lui demandant quelle toilette il faut avoir pour se rendre à la fête que donne la descendante des clans écossais.

— Votre toilette est suffisante, dit Cracoville. Mettez un habit, voilà tout. Le reste est toujours bien, et, d'ailleurs, la belle Ethelwina a dû vous dire qu'elle n'aimait point les cérémonies.

— Malgré cela... pour une fête, vous comprenez que je tiens à ne point faire ombre au tableau... Vous m'avez dit qu'elle recevait tout Paris !

— Oui, tout le Paris qui aime à s'amuser, à rire... à bambochiner...

— Qu'entendez-vous par bambochiner?

— J'entends faire des charges, des parades, mettre tout un appartement sens dessus dessous pour y jouer des charades en action... ou des scènes improvisées. Maintenant c'est beaucoup la mode dans les soirées ; on joue la comédie, et quelquefois on improvise.

— Diable, je n'ai jamais joué la comédie, je serai très emprunté... N'importe, je vais toujours me faire faire un pantalon de casimir noir collant, cela ne peut pas nuire. Vous irez à cette fête?

— Si j'y vais, palsambleu !... comme disaient les marquis de *Molière;* il ferait beau voir nos beautés à la mode donner une fête et que je n'y fusse pas!...

— Et le major?

— Le major en est aussi... Tous ces messieurs du pique-nique y seront...

— Tous ! l'homme à la chaîne d'or aussi?

— Abraham?... Oui, certes; ces dames l'aiment beaucoup, parce qu'il leur fait souvent cadeau de bagues, de boucles d'oreilles, d'épingles. Voyez-vous, mon cher, les femmes ont un faible pour les bijoux... pour tout ce qui brille... On les prend par les yeux.

— On jouera, à cette fête?

— Naturellement! Ethelwina n'aurait pas un homme à son raout si on n'y jouait pas...

— Moi, je m'en priverai; je n'ai pas envie d'être étrillé comme à votre pique-nique.

— Vous avez tort : on perd un jour, on gagne un autre ; la fortune est capricieuse... Enfin, vous ferez ce qui vous plaira... et je me doute bien comment vous emploierez votre temps... séducteur... vous ferez la cour à Ethelwina!...

— Vous dites : Ethelwina... tout court?

— Mon cher Montabord, il en est des femmes à la mode comme de toutes les célébrités, des artistes, des auteurs en renom! On les traite familièrement, parce qu'on voudrait qu'ils en fissent autant avec nous.

Quoi que lui ait dit Cracoville, Bélatout, avec un pantalon collant, se fait faire un gilet en velours semé de jais, et s'achète un chapeau claque. Il va chez Mme de Vanilley lui demander son heure pour venir la prendre.

— Onze heures, dit cette dame.

— Onze heures! mon Dieu, que c'est tard! s'écrie Bélatout. Mais la soirée sera près de sa fin!...

— Vous êtes dans l'erreur, mon cher monsieur; une fête ne-commence guère qu'à minuit; en arrivant à onze heures, nous serons des premiers; songez donc qu'on passe toute la nuit!

— Alors, madame, je viendrai vous chercher à onze heures précises.

Le samedi est arrivé. Belatout commencerait volontiers sa toilette à midi, mais il se contente de faire de nouveau venir le coiffeur, quoique Jacquet lui affirme que, si on le frise encore, il sera tout à fait chauve.

Après le coiffeur, arrive le tailleur. Belatout veut essayer son pantalon, quoique le tailleur lui dise que c'est inutile et qu'il est certain qu'il lui ira parfaitement; mais Belatout insiste, et on tâche de lui mettre son pantalon, dans lequel il ne peut pas entrer.

— Vous voyez bien que j'avais raison de vouloir l'essayer, s'écrie-t-il; et l'artiste en habits répond :

— Mais non, c'était inutile... il vous ira fort bien.

— Mais je ne peux pas le mettre...

— Si vous pouviez le mettre tout de suite avec facilité, ce ne serait plus un pantalon collant!

— Mais si je ne peux pas entrer dedans... à quoi me servirait de l'avoir?

— Attendez, monsieur, attendez un peu, ça va se faire!...

Le tailleur fourre ses bras dans le pantalon pour lui donner plus de jeu. Puis on l'essaye de nouveau; avec l'aide de Jacquet, qui tire une jambe, pendant que le tailleur tire l'autre, on parvient à introduire Belatout dans le pantalon.

— Vous voyez bien qu'il va, monsieur?

— Oui; mais ce n'est pas sans peine... Ouf, il me pince terriblement partout!

— C'est ce qu'il faut... Voilà ce qu'on appelle un pantalon collant.

— Dites donc, not' maître, je pense à une chose, moi!

— Qu'est-ce que c'est, Jacquet?

— C'est pour l'ôter que ce sera drôle, et qu'il y aura du tirage!

— Si monsieur veut m'en croire, il le gardera toute la journée; de cette façon, le pantalon se fera sur lui et ne le gênera plus du tout ce soir.

— Vous avez raison, je vais le garder.

— Ah! tant mieux, not' maître! ça fait que nous n'aurons pas la peine de le remettre.

Belatout a payé et renvoyé le tailleur; il essaye de se promener dans la chambre, il a de la peine à marcher; mais il s'admire dans une glace, tout en murmurant :

— Comment me trouves-tu, Jacquet?... Grâce au ciel, je suis bien fait, et on le voit!

— On le voit trop! c'en est indécent! Vous avez l'air d'être nu et seulement ciré à l'anglaise.

— Je suis à la mode, et je crois que j'aurai quelque succès ce soir à la fête où je suis convié.

Friquette pouffe de rire en voyant son maître dans sa nouvelle toilette. Diana dit à son père :

— Où donc allez-vous, papa, que vous vous faites si beau?

— Ma fille, je vais au bal chez une reine de la mode!

— Et vous ne m'emmenez pas, moi qui aime tant la danse!

— Non, ma fille, parce que c'est un bal de danses à caractère... Tu ne connais pas ces danses-là, et, par conséquent, tu ne pourrais pas danser et ne t'amuserais pas. Mais sois tranquille, si je trouve ces danses gracieuses, dès demain, je te donne un maître pour te les apprendre.

— Est-ce que vous allez les danser, vous, monsieur, dit Friquette, que vous vous êtes habillé si coquettement?

— Non, je me contenterai de regarder. Du reste je suis en tenue de soirée à Paris... il faut bien se mettre suivant le monde où l'on va.

— Ah! c'est ce petit chapeau qui est drôle! Mettez-le donc sur votre tête, not'maître.

— Ça ne se met pas sur la tête, on tient cela sous son bras, et pas ailleurs.

— Alors on ne se coiffe pas avec?

— Jamais. Ah! Friquette!... attache-moi mon épingle dans mon nœud de cravate, et que cela tienne bien...

— Votre gros diamant! Oh! soyez tranquille, not'maître, je vais l'attacher de façon à ce qu'elle ne s'en ira pas... Ce serait trop malheureux si on vous la volait!...

— La voler, à mon cou!... ce serait un peu fort!

— Dame, à Paris, il y a des voleurs si adroits!...

Belatout avait commencé à s'habiller complètement à sept heures; à huit heures moins le quart, il était prêt, mais il lui fallait attendre jusqu'à onze heures pour partir avec Mme de Vanilley; ce temps était bien long à passer, et c'est surtout quand on a terminé sa toilette que l'on s'impatiente et que l'on s'ennuie de ne point partir; quelquefois le sommeil vous gagne, alors on a beaucoup de peine à ne point s'endormir; parfois l'envie vous prend d'aller vous coucher et d'envoyer le bal au diable; Cela s'est vu, et je connais des personnes qui n'ont pas résisté à cette envie-là.

Belatout n'avait nullement envie d'aller se coucher, mais il maudissait la mode qui voulait qu'on ne se rendît que fort tard au bal. Il se promenait souvent dans l'appartement pour tâcher de donner du jeu à son pantalon,

Belatout est électrisé. (P. 134.)

qui ne faisait pas un petit pli ; quelquefois il essayait de sauter, mais il avait
de la peine à y parvenir. Cependant Friquette l'encourage en lui disant :

— Ah ! not'maître, comme vous êtes léger !... comme vous glissez bien
vos pieds !... Je ne vous avais jamais vu danser comme cela à Bar-le-Duc !

— C'est vrai, mon père, dit à son tour Diana, pourquoi ne dansiez-
vous jamais là-bas, quand nous allions au bal ?... Ce qui était fort rare,
mais, enfin, cela arrivait quelquefois.

— Ma chère amie, il y a un vieux proverbe qui dit : « L'occasion fait
le larron, » je commence à croire à la vérité de ce proverbe. Dans notre
endroit, quand je te menais au bal, on me plaçait tout de suite, moi, à une
table de jeu... avec les grands parents! quoique cependant je ne sois pas
encore d'âge à ne plus tenir ma place dans un bal... quand ce ne serait
que pour faire un quatrième dans un quadrille...

— Oh! not'maître, vous feriez même bien un cinquième sans vous
gêner.

— Je commence à m'apercevoir qu'ils sont un peu arriérés là-bas...
Diana, sais-tu danser la polka?

— Mais assurément, papa...

— Donne-moi donc une petite leçon; il paraît que cela se danse
beaucoup ici... Cracoville m'a dit : « Pourvu que vous polkiez, vous serez
un cavalier précieux... »

— Volontiers, papa...

— Friquette, tu vas nous chanter un air de polka...

— Oui, monsieur, oh! j'en sais tout plein... car je la danse bien
aussi, moi, et je voulais l'apprendre à Jacquet; mais il est si bête, il n'y a
pas moyen de le faire danser en mesure.

Diana s'empresse de faire danser la polka à son père, qui a de la
peine à se mettre en train, mais qui finit par attraper le pas, et alors y prend
goût. Friquette chante une polka et bat la mesure, en tapant sur une pelle à
feu avec une pincette. Plus Belatout danse et plus il y met d'ardeur;
mais Diana, qui se fatigue facilement, déclare bientôt à son père qu'elle
ne peut plus aller.

— Sapristi! quel dommage! cela allait si bien! s'écrie Belatout, et je
devenais un polkeur de première force.

— Si monsieur veut continuer avec moi? dit Friquette, oh! je suis
solide... et je puis aller longtemps, moi!

— Vraiment, Friquette?... Ma foi! je veux voir cela... et puis cela
m'habituera à changer de dame... mais, si tu danses, qui est-ce qui
chantera?

— Ça ne fait rien, not'maître, je chanterai tout de même en polkant.
Oh! je sais faire plusieurs choses à la fois!...

Et Friquette, lâchant la pelle et la pincette, va prendre son maître
par la taille et se met à polker avec lui; la petite bonne dansait fort bien;
elle avait l'oreille juste, et, si son cavalier bronchait, elle savait sur-le-
champ le remettre au pas, Belatout est électrisé; il ne veut plus s'arrêter,
et Friquette, tout en polkant, chante à tue-tête... c'est en ce moment que
la porte du salon s'ouvre et que M. de Grandbec paraît suivi de Jacquet.

Le jeune homme sec et jaune s'arrête à l'entrée du salon, tout surpris de ce qu'il voit, tandis que Jacquet s'écrie :

— Ah ben ! en v'là une bonne !... notre maître qui danse avec Friquette !... Est-ce pour ça qu'il a mis un pantalon qui le pince ?

Mais Belatout, qui était lancé, ne s'arrêtait pas ; il continuait à polker, en cherchant à se donner des grâces. Friquette continuait de chanter, en sautant aussi haut que son maître. Il faut, pour les faire cesser, que Jacquet aille tirer celui-ci par le pan de son habit.

— Notre maître, arrêtez-vous donc !...

— Veux-tu me lâcher, imbécile... ôte-toi de là !...

— Mais voilà quelqu'un qui vient vous voir... M. Grandbec... qui est là !

Au nom de Grandbec, M. Belatout s'est cependant arrêté. Il s'essuie le visage, car il est en nage, puis va, tout en soufflant recevoir celui qui arrive, et qui le regarde d'un air ébahi.

— Bonsoir, mon cher monsieur Grandbec... Ouf !... j'ai un peu chaud... Friquette, va te reposer, tu dois en avoir besoin....

— Moi, mot' maître ! ah ! je suis toute prête à recommencer si vous voulez.

— Non, pas en ce moment... Et ça va bien, mon cher Grandbec ?

— Oui, monsieur, comme quelqu'un qui pioche toute la journée... car je n'ai pas le temps de danser, moi ; mais il me paraît qu'il n'en est pas de même ici...

— Ah ! je vais vous dire : je vais au bal ce soir... ou plutôt cette nuit, car on y va fort tard, chez une reine de la mode... et, ma foi, comme je ne veux plus jouer, je m'exerçais pour la danse... je suis un peu rouillé...

— Ah ! vous allez au bal ? Avec mademoiselle, naturellement ?

— Non... ma fille ne m'accompagne pas. C'est un bal où l'on exécute des danses de caractère... dans le genre espagnol ; elle ne les sait pas...

— Et c'est une danse à caractère que vous exécutiez tout à l'heure avec votre domestique ?

— Pas positivement. C'est une polka... dans le cas où l'on aurait besoin d'un cavalier... Ah ! bigre !... ma coiffure est toute défaite !

M. Belatout quitte Grandbec pour aller se regarder et se rajuster devant une glace. Pendant ce temps, le monsieur au bec d'oiseau s'approche de Diana, tâche de sourire et fait une voix flûtée en murmurant :

— Votre père vous laisse au logis pour aller au bal... mais c'est le monde renversé !... C'est la charrue avant les bœufs... c'est le dessert avant le potage... c'est la queue avant la tête !... c'est...

Diana interrompt Grandbec, en disant d'un petit air sec :

— Monsieur, je trouve que mon père a parfaitement raison de s'amuser.

— Alors, mademoiselle, c'est différent !... Prenez que je n'ai rien dit.

— Volontiers, monsieur.

Belatout revient vers Grandbec :

— Cette danse m'a un peu chiffonné, mais le désordre est en partie réparé. Comment trouvez-vous mon gilet?... c'est brillant, n'est-ce pas?

— Vous m'éblouissez ! Les hommes portent donc du jais, à présent?

— Les hommes portent de tout.

— Et monsieur votre fils, savez-vous enfin ce qu'il fait à Paris?... Car il me semble que tel était le but de votre voyage.

Belatout demeure un peu embarrassé, il balbutie :

— Non... j'ai beau le chercher... je ne sais pas où il se cache. Pourtant il est à Paris, car il a mené madame Plantureau au spectacle.

— Du moment que vous savez cela, vous tenez la piste... et par cette dame, vous devez le trouver...

— Voilà ce qui vous trompe ; madame Plantureau n'a pas demandé à Eugène son adresse... Au fait, pourquoi la lui aurait-elle demandée?... hein? ça semblerait drôle !... Ah ! diable, voilà une de mes bretelles qui se défait et Friquette n'est plus là... Diana, appelle ta femme de chambre pour qu'elle me recouse une boucle qui se détache... Fichtre ! si ma bretelle s'était cassée chez madame Ethelwina, j'aurais été bien mal à mon aise !...

— Vous en avez deux... et une suffit pour retenir le pantalon.

— Elle suffit !... mais comme alors elle porte tout, elle peut casser aussi... alors, voyez donc ce qui arriverait !... Je n'ose pas y penser...

— Il est près de dix heures... vous allez sans doute partir...

— Oh ! pas de sitôt... je mène une dame qui loge dans cet hôtel et m'a prévenu qu'elle ne serait prête qu'à onze heures.

— A cette heure-là j'espère dormir profondément. Bonsoir monsieur Belatout ; bien du plaisir à votre bal. Mademoiselle, je vous présente mes respects.

— Je ne suis pas fâché qu'il soit parti ! dit Belatout, lorsque Granbec a pris congé ; il a l'air si étonné que l'on porte du jais sur son gilet !...

— Monsieur veut-il que nous recommencions la polka? dit Friquette?

— Non... c'est bien gentil, mais cela me défrise trop. D'ailleurs, maintenant, je suis tranquille, je sais polker... Dix heures et quart !...

Comme le temps marche avec lenteur, parfois!... Diana, si tu veux aller
te coucher, ma fille, ne te gêne pas.

— Oh merci, mon père, je ne suis pas pressée, je suis bien aise de
vous tenir compagnie...: Ah! c'est M. Marcelin qui polke bien, lui!...

— Comment, Diana, tu penses encore à M. Marcelin?

— Oh! oui, papa, toute la journée...

— Et, quelquefois, mademoiselle en rêve!

— Taisez-vous, Friquette!... Quand ces jeunes filles ont quelque
chose en tête... elles sont d'un entêtement!... Mon pantalon... se fait... il
ne me gêne plus... mais il est plus de dix heures et demie... Jacquet!...
Jacquet... Où est-il donc, cet imbécile?... Jamais là quand on a besoin de
lui!... Jacquet!...

Le grand dadais arrive en bâillant, en s'étirant les bras :

— Monsieur veut que je le déshabille... pour se coucher?

— Quelle brute! tu crois que j'aurais fait une si belle toilette pour
me coucher!...

— Dame, comme monsieur a dansé avec Friquette, je croyais que
ça lui suffisait...

— Monte à l'appartement de Mme la baronne de Vanilley ; dis-lui que
je suis tout prêt et à ses ordres si elle veut partir... Il est près de onze
heures... va...

Jacquet fait sa commission. M. Belatout commence à mettre ses
gants. Jacquet revient bientôt, en disant :

— Vous avez le temps, not' maître, ne vous pressez pas!... Cette
dame s'est écriée : « Je ne suis pas seulement coiffée... Il n'est pas
l'heure... »

— Elle n'est pas encore coiffée!... C'est effrayant! où cela nous
mènera-t-il?... Enfin! attendons... justement mes gants sont très justes...
j'ai de la peine à les entrer... J'aime à croire cependant que nous irons à
cette fête avant le point du jour... je gage bien que Mme Ethelwina
trouvera que nous arrivons trop tard... Comme c'est ridicule de commencer une soirée quand elle est finie!... C'est égal, je suis parfaitement
ganté!...

— Not' maître, voilà onze heures qui sonnent...

— Tu crois, Friquette?...

— Écoutez plutôt!

— C'est vrai... c'est onze heures. Cette fois, Mme de Vanilley doit
être prête... Jacquet, retourne demander à cette dame si elle veut
partir.

Jacquet, qui est de mauvaise humeur parce qu'on ne se couche pas,
va tout en marmonnant où on l'envoie, et revient dire :

— Cette dame demande si c'est que monsieur a le feu... quelque
part? Elle le prie de ne point la tourmenter ainsi.

— Ah! c'est trop fort!... cette femme-là me fera mourir d'impatience... Ne pas encore être prête! et que veut-elle que je fasse en
l'attendant?

— Not' maître, voulez-vous que nous recommencions à polker?

— Non, Friquette, je suis ganté, recoiffé... cela abîmerait ma
toilette... Ah! j'aurais bien mieux fait d'aller à cette fête avec M. de Cracoville et le major Tourte!... Mais c'est la superbe Ethelwina qui m'a prié
de servir de cavalier à son amie... et il paraît qu'il est impossible à une
dame d'être exacte et prête à l'heure convenue.

Dix minutes s'écoulent encore; mais alors Belatout n'y tient plus : de
colère il enfonce son chapeau à claque sur sa tête et court chez la baronne,
en s'écriant :

— Tant pis!... il faut que cela finisse... je l'emporterai plutôt dans
mes bras!

— Je viens chercher votre maîtresse, dit Belatout à la caménste de
Mme de Vanilley. Il est impossible qu'elle ne soit pas enfin prête... il est
plus de onze heures et quart...

— Mais, monsieur, madame se chausse...

— Comment! se chausse!... Elle n'est pas encore chaussée?

— Ah! c'est que madame ne met que des souliers trop petits... elle
a un si joli pied!

— Si ses souliers sont trop petits, elle ne pourra jamais les mettre...

— Oh! que si... avec du temps, nous y arriverons; nous avons déjà
mis *le gauche*... mais c'est le droit qui ne va pas.

— Qu'est-ce qu'il y a, Flore?

— C'est M. de Montabord qui vient vous chercher, madame.

— Laissez-le entrer... il parviendra peut-être à me chausser... Entrez
donc, mon cher voisin...

— Madame, me voici... j'ai bien l'honneur... je pensais que nous
allions partir.

— Oui, dès que je serai chaussée... Regardez donc quel délicieux
soulier!... qui ne veut pas entrer...

Et Mme de Vanilley, étendue dans une causeuse, lève sa jambe pour
montrer un tout petit pied, auquel pendait un soulier de satin blanc, que
n'eût pas désavoué Cendrillon. Et, dans sa vivacité à montrer sa chaussure,
cette dame lève tellement la jambe, qu'elle s'expose à montrer une foule

de choses... mais Belatout est trop préoccupé de la belle Ethelwina et impatient d'arriver chez elle, pour jeter par là des regards curieux ; il met un genou en terre, et s'empare de la jambe qu'on lui tend, en disant :

— Je vais vous le mettre, moi, madame ; et, sapristi ! il faudra bien qu'il entre.

— Ah ! voisin, ça me fera bien plaisir !... Mais doucement... n'allez pas trop fort, je suis douillette...

— Il faut cependant souffrir un peu pour le faire entrer...

— Aïe... vous me faites mal !...

— Ça y est, madame !... il est dedans... Posez votre pied à terre...

— C'est vrai... ça y est... Ah ! vous êtes un homme charmant !

— Par exemple, si vous pouvez marcher avec ces souliers-là, ça m'étonnera beaucoup.

— Oh ! pardonnez-moi, ça se fait... le pied fond...

— Et maintenant, nous pouvons partir, n'est-ce pas, belle dame ?

— Oui... je mettrai mes gants dans la voiture... Est-elle en bas ?

— Oh ! depuis longtemps...

— Alors, partons... Ah ! mon Dieu ! et mon bouquet que j'allais oublier !... Où l'avez-vous posé ?

— Quel bouquet, madame ?

— Mais celui que vous devez m'avoir apporté, car vous savez bien qu'une dame ne va pas au bal sans avoir un bouquet à sa main.

— Un bouquet ?... ma foi ! je vous avoue que je ne le savais pas...

— Ah ! monsieur de Montabord, quelle faute !... Aller au bal sans un bouquet ! Que penserait-on de moi et de vous ?

— Ah ! vous croyez qu'on y ferait attention ?...

— Je vous répète, monsieur, que je ne partirai pas sans un bouquet !... Ce serait odieux...

— Comment donc faire alors ?... il est si tard !...

— Oh ! soyez tranquille, dans ce quartier on en trouvera encore... Dites à Alexandre, le premier garçon de l'hôtel, d'aller en chercher un... il en trouvera...

Belatout, qui a envie de pleurer, va trouver le garçon d'hôtel, qui part et revient bientôt avec un délicieux bouquet qui ne coûte que dix francs. Mme de Vanilley est satisfaite et elle donne sa main à Belatout, en s'écriant :

— Partons !

Et celui-ci pousse un énorme soupir et ravale sa salive en se disant :

— Minuit moins dix !... Il est temps.

XVI

BAL CHEZ UNE COCOTTE

La belle Ethelwina occupait, dans la chaussée d'Antin, un charmant petit hôtel, que le baron Spitermann lui avait loué, meublé et orné de tous ces jolis bibelots qui sont presque des nécessaires pour les dames galantes, et que les femmes du meilleur monde ne dédaignent point non plus. Au milieu de la cour il y avait un bassin dans lequel des cygnes faisaient leurs évolutions; ceci était une rareté et donnait beaucoup de prix à ce petit hôtel; car, à Paris, on trouve plus facilement de la verdure que de l'eau; des caisses d'arbustes, des orangers, des magnolias, des daturas et autres fleurs suaves entouraient le bassin, si bien qu'en entrant dans l'hôtel on y respirait un air qui était frais et embaumé; ce qui est encore très rare à Paris.

Quand elle donnait une fête, Ethelwina faisait illuminer avec des lanternes vénitiennes qui ne jetaient qu'un jour doux et mystérieux. Cette dame était passée maîtresse dans tout ce qui peut flatter les sens et séduire les yeux. Elle avait, ce que n'ont pas toujours les beautés en vogue, du goût et de l'imagination. Si elle ruinait ses amants, du moins elle leur faisait honneur; elle prodiguait l'or pour satisfaire ses désirs, ses fantaisies, mais elle ne le gaspillait pas bêtement, comme tant d'autres. Ses toilettes étaient toujours d'une élégance remarquable, et elle les portait avec un charme tout particulier. Résistez donc à tout cela, quand vous avez des yeux et un cœur?... Je dis : et un cœur, parce qu'il y a bien des gens qui n'en ont plus.

Quand on est descendu de voiture, Belatout est obligé de soutenir Mme de Vanilley, qui a la plus grande peine à se tenir sur ses pieds et met cinq minutes pour monter au premier étage, où se trouve la compagnie. Le provincial, qui se meurt d'impatience de voir la reine de la fête, cherche des yeux quelqu'un à qui il pourrait céder sa baronne. Enfin, on arrive dans les salons, et la belle Ethelwina vient les recevoir. Cette dame a une toilette qui rappelle celle des Athéniennes, et, sur sa tête, une espèce de diadème resplendissant de pierreries. Ses beaux et soyeux cheveux blonds sont admirablement enroulés, tout en laissant son front bien dégagé. Belatout est ébloui, il veut dire un compliment et ne peut que bégayer :

— Ce sont les souliers de madame qui nous ont retenus !... Ce qui fait sourire la belle blonde, qui répond :

— La moitié de mes invités est à peine arrivée... mais vous êtes bien

FRIQUETTE

Ah! monsieur enverra des confitures de Bar?... (P. 144.)

gentils d'être venus de bonne heure. Venez, monsieur de Montabord, donnez-moi votre bras, que je vous fasse visiter mes appartements. Zuléma a bien assez joui de vous, il est temps qu'elle me cède votre personne!

— Je ne sais pas si cette dame a joui de moi, se dit Belatout; mais je sais bien que, moi, je n'ai pas eu le moindre plaisir avec elle.

Il se hâte de prendre le bras qu'on lui présente, très fier de cette faveur qu'on lui accorde, et sourit à Cracoville, qui, en passant, lui dit à l'oreille :

— Heureux mortel!.., Ah! vous étiez attendu avec impatience!...

— Que vous dit ce mauvais sujet? demande Ethelwina, en souriant à Cracoville.

— Rien, belle dame... une chose trop flatteuse pour que j'ose y croire...

— Croyez toujours, cher monsieur; dans ce monde, vous savez bien que les croyants sont les seuls heureux!... Comment trouvez-vous mes salons?

— C'est superbe! c'est magnifique!... c'est oriental!

— Est-ce que vous avez été en Orient?

— Non; mais j'ai beaucoup lu les *Mille et une nuits*, ce qui m'en a donné une idée... Quelle est cette délicieuse pièce, si mystérieusement éclairée par ces globes d'albâtre, et que j'entrevois par une ouverture de cette portière? N'y entrons-nous pas?

— Non, non!... C'est mon boudoir.., ma retraite favorite quand je reçois une visite qui me plaît...

— Ah! de grâce, entrons-y.

— Mon loup ne veut pas que j'y reçoive d'autre homme que lui... mais je me moque un peu de sa défense!

— Votre loup?... vous avez un loup?...

— Ne comprenez-vous pas que, par là, je veux parler de mon jaloux allemand... le terrible Spitermann!... Il n'est pas encore arrivé, et j'en profite pour causer ainsi avec vous... Ah! vous avez votre belle épingle!... Mon Dieu, le beau diamant... et comme il est bien monté!...

— Oui, on m'en a fait souvent compliment. Entrons un peu dans votre mystérieux boudoir...

— Soit! mais une minute seulement; car le baron ne saurait tarder à venir : je suis même surprise qu'il ne soit pas encore ici... Venez... car je ne sais rien vous refuser, à vous... fascinateur!

Ces paroles sont accompagnées d'une douce pression du bras. Belatout est radieux; mais, au moment de soulever la portière de damas qui ferme à demi l'entrée du sanctuaire des amours, plusieurs jeunes femmes accourent et entourent Ethelwina en lui disant :

— Ma bonne, dis donc à Grignet de nous chanter quelque chose... une facétie, une bêtise comme il en sait tant...

— Dites-le-lui, vous!

— Il ne veut pas nous écouter. Il nous a répondu qu'il ne savait que des indécences, et qu'il craignait que cela te fâchât s'il en chantait...

— Ah! ah! qu'il est bête!... Est-ce que nous sommes des bégueules?... Est-ce que chez moi on n'ose pas rire!.... Je vais lui parler, à Grignet... Mesdames, je vous confie M. de Montabord... un homme charmant... qui vient à Paris pour s'amuser un peu... et qui nous enverra des confitures de Bar-le-Duc...

Ethelwina quitte Belatout, qui se trouve entouré de jeunes femmes presque toutes jolies et qui lui adressent les sourires les plus aimables.

— Ah! monsieur enverra des confitures de Bar?... Ah! je les adore!

— Moi, j'en mangerais six pots à mon dessert.

— Est-ce que monsieur est de ce pays-là?

— Oui, mesdames, et j'en arrive...

— Il en arrive!... il en a bien l'air! dit une figure mutine à l'oreille d'une autre. Ah! ma chère, quelle tête!... quelle tournure!

— C'est un pigeon à faire sauter.

— Mais voyez donc cette épingle à son nœud de cravate...

— Oh! c'est superbe! et ça donne joliment de jeu à sa physionomie!

— J'aime encore mieux cela que ses confitures.

— Ah! mais on chante... Grignet chante, venez donc, mesdames... Monsieur, aimez-vous la musique?

— Je ne suis pas fou du piano... mais le chant me plaît toujours...

— Ah! que vous avez raison de ne pas aimer le piano! Y a-t-il rien de plus assommant que ces grands morceaux à difficultés qui durent deux heures, et pendant lesquels l'exécutant casse cinq ou six cordes à force de taper sur les notes!

Ces dames ont cependant quitté Belatout pour aller écouter la chansonnette. Notre provincial se promène dans les salons et examine la société qui, à chaque instant, devient plus nombreuse. Il y a plus d'hommes que de femmes, mais celles-ci sont presque toutes jolies et rivalisent d'élégance et de sourires ; elles semblent très disposées à s'amuser, car à chaque instant on les entend rire aux éclats. Les hommes sont généralement bien de mise et de manières, sauf quelques figures assez communes, parmi lesquelles il faut classer M. Abraham, qui vient d'arriver avec sa grosse chaîne d'or, et le Hongrois, qui a des boucles d'oreilles et des bagues à tous les doigts.

Cracoville et le major se sont approchés de Belatout; ce dernier lui dit :

— Nous allons tailler un petit baccarat dans le salon bleu... vous en serez?

— Non, je n'en serai pas : merci, je ne veux plus jouer.

— Vous ne voulez plus jouer? Que diable voulez-vous donc faire d'ici au souper?

— Mais... causer avec ces dames... et danser... car je pense qu'on dansera?

— Ah! vous dansez encore !... C'est différent.

Et le major s'éloigne pour aller se mettre au jeu.

— Vous dansez encore !... Pourquoi cet encore? dit Belatout; je trouve cet *encore* assez déplacé... mais le major ne connaît que le jeu! J'aime mieux faire la cour aux dames, c'est moins cher... N'est-ce pas, M. de Cracoville?

— Je ne suis pas tout à fait de votre avis ! répond le beau monsieur : les dames coûtent souvent fort cher!... J'en sais quelque chose... elles ont à moi plus d'un million!

— Un million!

— Je mets cela au plus bas, mais je ne le regrette pas... j'ai joui de la vie ! et je trouve que l'argent n'est bon qu'à être dépensé !... Oh ! il arrive encore du monde... Cette fois, c'est milord protecteur...

— Qu'entendez-vous par ce titre?

— Pardieu ! cela s'entend de reste : l'entreteneur déclaré de la belle Ethelwina, le baron Spitermann... avec son petit favori, le jeune peintre Mirza.

En effet, le beau Spitermann s'avançait dans les salons, promenant autour de lui des regards plutôt orgueilleux qu'aimables, daignant sourire aux dames et quelquefois aux hommes, mais toujours avec cet air fier et vain qui semblait dire : « Vous savez que je suis à peu près le maître ici !... que toutes les belles choses qui sont en ces lieux viennent de ma munificence, et que, si l'on vous donne une fête, c'est moi qui la paye! »

Dans la position du baron, un homme d'esprit se garde bien d'agir ainsi; il se tiendra plutôt à l'écart, et tâchera de passer dans la foule des adorateurs sans être remarqué. Mais les hommes n'ont pas tous de l'esprit et, chez le plus grand nombre, la vanité l'emporte toujours.

Spitermann cherche des yeux Ethelwina, qui n'est pas accourue assez vite au-devant de lui; en revanche, il a aperçu Belatout et a paru peu flatté de le rencontrer chez sa maîtresse. Il l'a regardé sans le saluer, et, au lieu de lui sourire, a fait une grimace. Le provincial, qui allait saluer ce monsieur, s'arrête en se disant :

— Qu'est-ce qu'il a donc, cet Allemand?... Aurait-il deviné que j'ai fait la conquête de sa belle? Ma foi, je serais enchanté de la lui souffler, car il a été fort peu aimable avec moi à ce pique-nique... et m'a assez mal reçu quand je lui ai demandé des renseignements sur Eugène...

Spitermann, qui vient d'aborder Ethelwina, lui dit, en désignant Belatout :

— Qu'est-ce que vous faites donc de cela, ici?

— Qui? quoi cela; mon lion?

— Eh! parbleu... ce monsieur qui est habillé si bêtement, qui a une tournure si lourde... et qui met des épingles dans sa cravate... ce qui ne se fait plus...

— Quand l'épingle est aussi belle, mon loulou, cela peut toujours se mettre... ce n'est jamais laid !

— Je le reconnais, ce pataud! il était à un pique-nique que nous avons fait aux Champs-Élysées. Il s'est grisé comme un portefaix... il semblait désolé parce qu'il avait perdu quelques louis!... Mais j'avoue que je ne m'attendais pas à le trouver ici; qui donc l'y a amené?

— C'est ma bonne Zuléma, dont il est l'ami de... cœur.

— Votre bonne Zuléma se trouve toujours être l'amie des hommes qui me déplaisent.

— C'est le hasard qui fait cela.

— Le hasard!... hom!... quand les hasards arrivent si souvent, cela devient suspect... Prenez garde, Ethelwina!... Vous savez quelles sont nos conditions?... Je ne vous refuserai rien de ce qui peut vous être agréable comme toilette ou bijoux; mais je ne veux pas qu'aucun homme vous parle de trop près !

— Que vous êtes embêtant, avec vos conditions! S'il me plaisait d'y manquer, mon gros rat, je ne vous demanderais pas la permission. Mais il faut que vous soyez toqué pour être jaloux de ce provincial qui n'ose pas se retourner ici !

— Vous avez raison... au fait!... c'est stupide de ma part.

— Ethelwina! Ethelwina! fais-nous donc danser... dis donc à ton orchestre de commencer... les pieds nous démangent.

— Oui, mesdames, vous avez raison, il faut danser. Allons, messieurs, invitez vos dames... Je déclare que le cancan est permis.

— Vraiment! je l'espère bien... D'ailleurs, maintenant, on le danse dans les plus belles sociétés...

— Et les Anglais prétendent que c'est notre danse nationale...

— En tout cas, elle est plus gracieuse que leur gigue.

Un orchestre, composé de deux violons, d'une basse, d'un piston et du piano, fait entendre la ritournelle d'un quadrille. En un instant, presque toutes les dames sont en place avec leur cavalier. Mme de Vanilley est obligée de faire tapisserie, parce qu'elle ne peut pas se tenir debout longtemps. Belatout, qui n'a pas osé se risquer dans un quadrille, se met au premier rang pour voir danser ; et bientôt il se félicite de ne point s'être offert pour cavalier, car la danse de ces dames lui semble tellement nouvelle qu'il n'a pas assez de ses yeux pour la regarder ; ce sont des pas, des poses, comme il n'en a jamais vu. Ce sont des jambes jetées au vent, des mouvements de hanches très voluptueux, des postérieurs que l'on pousse comme pour recevoir un clystère, mais tout cela avec grâce, avec mutinerie, et accompagné de petites mines piquantes, agaçantes, séduisantes. Saint Antoine n'eût peut-être pas résisté aux diablesses si elles avaient dansé le cancan comme les cocottes du grand monde.

— Eh bien, que dites-vous de tout cela, mon cher mossié ? demande le juif Abraham, qui s'est approché de Belatout et passe familièrement son bras sous le sien. N'est-ce pas que voilà des petites femmes qui se tortillent bien gentiment ?

— Ah ! bonsoir, monsieur... je suis bien le vôtre... Oui, en effet, ces dames exécutent une danse... tout à fait de caractère... mais c'est étourdissant !... Vous m'en voyez ébloui !

— C'est que vous n'êtes pas habitué à aller au *Casino* alors... on n'y danse pas autrement.

— Au Casino ?... non, je n'ai pas encore été à ce bal... Par exemple, je trouve que les hommes sont bien moins forts que les dames ! C'est à peine s'ils risquent quelques pas...

— Oh ! pas encore... cela commence, ils ne veulent pas se fatiguer, mais vous les verrez après le souper, ils feront des sauts comme des clowns !... Et, tenez, petit Mirza se lance déjà... Voyez !

En effet, le jeune peintre venait de faire un grand écart qui lui avait valu mille bravos et les applaudissements de toutes les danseuses. Cependant Belatout aurait voulu voir danser Ethelwina ; mais la reine de la fête était encore trop occupée à recevoir son monde et n'avait point fait partie de ce premier quadrille ; elle est tellement entourée et forcée de répondre à tant d'admirateurs, qu'elle ne peut plus causer avec Belatout ; mais, lorsqu'elle passe près de lui, elle trouve toujours moyen de lui adresser un regard, un sourire et de lui glisser dans l'oreille de ces mots qui font battre le cœur et que les femmes disent si bien.

XVII

UNE ÉPINGLE TENTANTE

Après le quadrille, on joue une polka. Belatout se dit que cette fois il peut se risquer ; cette danse ne permettant pas de faire autre chose que le pas ordinaire. Il cherche des yeux Ethelwina, c'est avec elle qu'il voudrait polker. Enfin il l'aperçoit dans un groupe de femmes qui ont l'air de rire beaucoup en l'écoutant. Belatout a beaucoup de peine à s'approcher ; il entend la reine de la fête dire à ses amies :

— Je vous parie que demain elle est à moi... Hortense, veux-tu parier ton petit cachemire bleu contre mon rouge ?

— Oh ! non, tu es trop forte à ce jeu-là... tu gagneras... tu l'auras !... Mais au moins tu nous laisseras les confitures, ah ! ah ! ah !...

Ethelwina aperçoit Belatout, elle fait un signe : tout le monde se tait.

— Vous me cherchez, cher monsieur ?

— Oui, belle dame ; on va polker, me ferez-vous la grâce de polker avec moi ?

— Ah ! ce serait avec bien du plaisir ! mais il n'y a pas moyen ; mon tigre m'a défendu de polker et de valser avec d'autres que lui. Faites donc polker cette pauvre Zulméa, qui ne fait rien...

— Il lui serait bien impossible de faire quelque chose... cette dame est chaussée de façon à ne pas pouvoir marcher.

— Ah ! je la reconnais là... Voyons, mesdames, qui de vous est libre ?... Astasie, ton Arthur ne polke pas il me semble ?

— Non, il trouve que c'est une danse bête, qu'on a l'air de vouloir pousser sa danseuse par terre...

— Veux-tu polker avec M. de Montabord ?

— Oui... s'il est fort. Allez-vous bien, monsieur ?

— Mais, belle dame, je crois que je m'en tirerai.

— Vous croyez !... Au reste, si vous n'allez pas bien, je vous préviens que je vous lâche, d'abord !...

— Monsieur de Montabord, vous allez polker avec une des meilleures polkeuses de Paris.

Belatout s'incline ; la menace que cette dame lui a faite de le lâcher s'il n'allait pas bien lui a semblé peu aimable ; mais l'orchestre part, il enlace la taille de sa dame, qui est une brune fortement constituée, et commence par lui marcher sur les pieds ; cette dame laisse échapper un

— C'est donc pour faire la cour à madame? (P. 155.)

juron digne d'un crocheteur; mais, pour réparer sa maladresse, Belatout
s'empresse de la faire tourner puis retourner sur elle-même : figure que
Friquette lui a apprise et grâce à laquelle il obtient son pardon de sa
danseuse, qui s'écrie :

— Tiens! mais ce n'est pas mal, ça... Vous tournez lestement, pour
un homme qui arrive de Bar-le-Duc... Pas mal... ça va... Mon cher ami,
vous avez une bien belle épingle !

— Vous trouvez, madame?

— Faites-moi encore tourner, j'aime ça... oui, votre épingle me donne dans l'œil... Voulez-vous faire un échange?

— Lequel, madame?

— Donnez-moi votre épingle et je vous donne mon cœur?... Ah! bon, il ne répond pas... il me fait trop tourner à présent!

Mais Belatout était lancé, il avait profité des leçons de Friquette; il était en nage, mais il mettait de l'amour-propre à ne point se reposer. Heureusement l'orchestre s'arrête; sa danseuse va se jeter sur un divan, en lui criant:

— C'est bien, vous ne m'avez pas répondu... Vous êtes un roué!

Belatout est très flatté de s'entendre appeler *roué*, il se hâte d'avaler un verre de punch, il a bien polké, il est content de lui; de plus, sa danseuse lui a offert son cœur; il ne doute plus qu'il n'ait le don de plaire aux dames; à la vérité, celle-ci a mis pour condition qu'il lui donnerait son épingle; mais il pense que c'était une manière adroite de lui faire une déclaration.

Les sirops, les glaces, le punch, le vin de Champagne frappé circulent en abondance, personne ne s'en fait faute; et les dames donnent l'exemple en ingurgitant du champagne avec une promptitude qui aurait l'approbation d'un joueur de gobelets; déjà les salons n'ont plus le même aspect; à la tenue presque régulière que l'on avait au commencement, ont succédé un abandon, une désinvolture, un entrain qui, comme une traînée de poudre, se communique de l'un à l'autre et fait régner partout la gaieté et la folie.

De tous côtés on cause, on rit; les cocottes disent tout ce qui leur vient à la tête, et, dans ce flot de mots, de reparties, il s'en trouve parfois de spirituels. Bien des artistes n'ont dû la réputation d'esprit qu'on leur a faite qu'à la hardiesse de leur langage et à leur habitude de parler à tort et à travers; c'est comme les prédictions d'une tireuse de cartes: dans la quantité il s'en trouve qui portent.

Cracoville a essayé plusieurs fois d'emmener Belatout au jeu; mais celui-ci a résisté, il veut rester avec les dames; d'ailleurs, Ethelwina, en passant près de lui, lui a dit tout bas.

— Après le souper... j'espère... il ira jouer... nous causerons à part!

Et Belatout, électrisé par tout ce qu'il voit autour de lui, par cette atmosphère de plaisir qu'on respire et peut-être aussi par le champagne frappé dont il boit fréquemment, afin de se monter au ton de la compagnie, se dit à lui-même: — Nous causerons à part... O Dieu! comme cet *à part* me donne des idées amoureuses!... Je ne me suis jamais senti si jeune que cette nuit! Oh! assurément, je n'étais pas si jeune il y a vingt ans!

— Vous savez, cher mossié, que je tiens toujours ma chaîne à votre disposition, dit M. Abraham en s'accrochant de nouveau au bras de Belatout. Il y a ici plus d'une jolie petite femme qui ferait bien des sacrifices pour la posséder!... mais, moi, je ne donne plus là dedans... j'ai renoncé au beau sexe! tandis que vous, qui dansez encore comme un zéphir... vous devez courtiser les petites femmes... N'est-ce pas, farceur?... Eh! eh! eh!

— Mais, monsieur Abraham, je ne dis pas que... si l'occasion se présentait...

— L'occasion! il est bon, là! Il n'y a pas besoin d'occasion ici... les affaires se traitent de gré à gré... Prenez donc un verre de *moët*... il est excellent...

— Oui, ce champagne est parfait...

— Alors vous m'achèterez ma chaîne pour l'offrir à une de ces dames, c'est entendu!... Je vous la garde... on me l'a déjà demandée, je vous la garde.

— Mais non... mais non...

Et Belatout, pour échapper à M. Abraham, va s'asseoir à côté de Mme de Vanilley, qui attend toujours que son pied fonde pour essayer de marcher; elle accueille le provincial avec un doux sourire et lui dit :

— Venez un peu causer avec moi. . N'est-ce pas que cette fête est charmante?

— Oui, madame, il règne ici un entrain dont je ne me faisais pas une idée!

— Et comme c'est bien composé!

— J'avoue que toutes ces dames ont des tournures et des toilettes ravissantes; de plus, elles sont fort aimables...

— Et les hommes dont vous ne parlez pas!... Mais c'est ce qu'il y a de mieux dans Paris!... des agents de change, des futurs banquiers... des étrangers fort riches... tous des hommes de finances!... La fine fleur des pois du sport... A propos, où en êtes-vous avec elle?

— Avec elle?... qui?...

— Eh! mon Dieu, Ethelwina!... Est-ce que je ne sais pas qu'elle a un cheveu pour vous!... Ingrat!

— Un cheveu!... comment?... Je n'y suis pas...

— Ne faites donc pas le discret avec moi. Je suis l'amie intime d'Ethelwina, elle me fait ses confidences... vous lui plaisez...

— Vous croyez vraiment que j'aurais ce bonheur?

— J'en suis sûre... soyez galant, et vous arriverez... Tenez, elle trouve votre épingle très distinguée? à votre place, moi, je la lui offrirais...

— Mon épingle? vous croyez qu'elle l'accepterait?

— Essayez plutôt... et, si elle l'accepte, Ethelwina a trop de délicatesse pour ne pas être reconnaissante... vous me comprenez?...

— Je crois que oui... Mais on va polker... Pardon, j'ai pris goût à cette danse... je vais inviter une dame.

Belatout n'était pas du tout décidé à offrir son épingle, et il a quitté la dame aux petits pieds pour faire cesser cette conversation.

Les danses continuent dans un salon : le jeu est en train dans un autre ; tout le monde est très occupé et les conversations sont vives et animées, lorsqu'on vient annoncer que le souper est servi. Alors chacun se dirige vers la salle à manger; les joueurs même quittent leur partie en se disant :

— Nous reprendrons après le souper.

Au souper, le coup d'œil est charmant : la table est surchargée de lumières, de surtouts brillants et de riches potiches renfermant des fleurs rares. Les mets les plus délicats, les vins les plus délicieux vous annoncent un repas digne de *Laïs* ou d'*Aspasie*. Il y a place pour tout le monde, car la table est immense, et une cloison mobile a été enlevée pour pouvoir la placer. La reine de la fête arrive, donnant le bras au baron Spitermann, qui s'assied à table auprès d'elle. Ensuite chacun se met où il veut et près de la dame qu'il courtise. Belatout, qui marchait presque sur la robe d'Ethelwina, est arrivé assez à temps pour s'asseoir à sa gauche ; ce qui fait froncer le sourcil au baron, qui est à sa droite.

Le souper est nécessairement aussi gai que le bal ; il devient même si bruyant, les coupes s'emplissent et se vident si souvent, que bientôt on ne s'entend plus ; on parle, on rit, on chante, tout cela en même temps ; personne ne s'écoute, mais tout le monde s'applaudit. Au milieu de ce tohu-bohu général, la belle Ethelwina ne se fait pas faute de donner des coups de genou à son voisin de gauche, qui répond énergiquement avec sa jambe droite en accompagnant ce jeu caché de tendres regards qu'il lance à sa voisine. Mais le beau Spitermann surprend un de ces regards et dit à sa maîtresse :

— Pourquoi donc cet intrus... ce balourd... cette caricature... se trouve-t-il placé à côté de vous?

— Mais parce qu'il s'y est mis, mon mignon.

— Il ne devait pas s'y mettre! S'il est l'amant de Zuléma, il devrait être près d'elle.

— Oh! ce n'est pas une raison!... Est-ce que tous ces messieurs sont auprès de leur femme?... il faut bien varier un peu!

— Et il se permet de vous lancer des œillades, ce butor!

— Des œillades!... Mais tout le monde s'en lance ici; on n'est chez moi que pour ça.

— Et il vous parle souvent tout bas!

— C'est qu'il est timide, il n'ose pas parler haut.

— Que vous dit-il, ce monsieur?

— Il me demande s'il est vrai que Zuléma n'a que vingt-cinq ans?

— Vous mentez! ce n'est pas cela qu'il vous dit!

— Ah! ah! ah!... Ce pauvre M. de Montabord, vous lui faites bien de l'honneur d'être jaloux de lui.

— C'est possible; mais qu'il ne vous regarde pas trop, sinon je le corrigerai.

— Spitermann, mon Othello, vous avez un cricri dans votre lanterne, cher ami!

— C'est bien!... riez toujours... Mais souvenez-vous qu'il y a un chapitre sur lequel je ne ris point.

Le souper se prolonge assez longtemps. Puis, tout à coup, les dames s'écrient:

— Et le cotillon?... nous n'avons pas dansé le cotillon!... Allons vite, vite!

— Qui est-ce qui le conduira?

— C'est Mirza, il le mène très bien... Allons danser... En avant, Mirza!

— Mesdames, j'ai encore faim!

— Ce n'est pas possible!

— Je vous jure que si.

— Eh bien, vous viendrez vous remettre à table après...

— J'ai encore soif!

— Non! non! il ne peut déjà plus se tenir... Vite au cotillon; ça vous remettra.

Les dames enlèvent presque de force le petit Mirza; les joueurs retournent à leur partie; tout en se levant, Ethelwina dit à l'oreille de Belatout:

— Tout à l'heure... dans mon boudoir... allez m'y attendre...

Puis elle s'éloigne avec Spitermann, qui ne danse pas le cotillon et se rend dans le salon de jeu. Belatout reste encore quelques instants à table; il avale de la chartreuse verte pour se donner de l'audace, puis rentre dans le bal, regarde un moment cotillonner et enfin traverse un petit salon et, soulevant la portière, qu'il reconnaît, pénètre dans ce délicieux boudoir dont l'entrée est interdite aux profanes.

Là il s'asseoit sur une causeuse et attend en se disant :

— Elle danse le cotillon, mais elle m'a bien vu venir par ici. D'ailleurs, puisque c'est elle-même qui m'y a donné rendez-vous, c'est qu'elle saura bien quitter la danse... Je suis très ému... j'ai la tête en feu... mon cœur bat d'une force !... cette femme-là trouble ma raison... j'entends toujours la musique... Est-ce qu'elle ne pourrait pas lâcher son cotillon?...

Mais la portière vient de se soulever, et Ethelwina paraît, essoufflée par la danse ; elle se jette sur une causeuse, en s'écriant :

— Me voilà !... J'ai cru que je ne pourrais jamais me dégager... Pauvre ami ! vous vous impatientiez...

— Ah ! belle dame... je pensais à vous... je...

— Qu'il est aimable ! est-ce que vraiment vous m'aimez ?

— O Dieu !... mais c'est-à-dire que vous me rendez fou...

— Eh bien, alors, on verra... on pourra couronner votre flamme... mais, moi, je me méfie des paroles des hommes... il me faut quelque chose à quoi ils aient tenu...

— Mon Dieu, belle amie... tout ce que vous voudrez... si une mèche de mes cheveux vous était agréable... coupez-la... oh ! coupez-la !...

— Ah ! ah ! qu'il est bête !... Non, mon cher, je ne veux pas de vos cheveux... Je n'aime pas les cheveux... fi ! c'est sale !... Mais, tenez, votre épingle me séduit... donnez-la-moi, et moi... je vous accorderai un rendez-vous... Vous entendez ?

— Mon épingle !... vous voudriez mon épingle ?

— Eh ! oui... est-ce que vous hésitez?... c'est un caprice... une bizarrerie !... Mais si vous me refusez, c'est que vous ne m'aimez pas...

— Non, oh ! je n'hésite plus... Je tenais à cette épingle... prenez-la... elle est à vous !

— Ah ! vous êtes un homme charmant !... Baissez-vous... mettez-vous à mes genoux, afin que je puisse vous l'ôter...

— M'y voici, belle dame...

— Voyons... avancez-vous... Ah ! fichtre ! comment donc est-elle entortillée?... je ne puis la défaire...

— C'est que c'est Friquette qui me l'a mise, et elle l'attache avec beaucoup de soin...

— Elle l'attache trop bien, votre Friquette... Oh ! mais, je l'aurai, cependant...

En ce moment, la portière est tirée avec force et le baron Spitermann

paraît à l'entrée du boudoir : en apercevant Belatout aux genoux de sa
maîtresse, qui le tient par le cou et a l'air de vouloir l'embrasser, l'Allemand
pousse un juron formidable, et s'avançant vers Belatout, le repousse
avec tant de force, que celui-ci va rouler à cinq pas d'Ethelwina, qui jure
aussi, mais entre ses dents, en murmurant :

— Ah ! sapristi !... quand j'allais l'avoir !

— C'est donc pour faire la cour à madame que vous venez ici,
monsieur Montabord ? s'écrie Spitermann en s'approchant de Belatout,
qui se relève en se tâtant le côté.

— Monsieur !... vous m'avez poussé très brutalement.... je trouve
cette façon d'agir fort peu polie...

— Ah ! vous trouvez mes manières peu polies !... Et de quel droit
vous mettez-vous aux genoux de madame... à qui j'avais défendu de
recevoir aucun étranger dans son boudoir ?

— Monsieur... après tout, je ne suis pas chez vous, je suis chez
madame... ça ne vous regarde pas ?

— Ça ne me regarde pas !... Ah ! je vous ferai bien voir que cela me
regarde... car je vais vous ficher à la porte sur-le-champ...

— Me mettre à la porte !... Madame, souffrirez-vous qu'on m'insulte
chez vous ?

Mais Ethelwina, qui est de fort mauvaise humeur, parce qu'elle n'a
pas eu le temps de détacher l'épingle, ne répond rien à Belatout, et,
s'adressant à Spitermann :

— Voyons, mon lion, pas de scène ! tu sais que je ne les aime pas ;
si je causais avec monsieur, c'était pour rire.

— Pour rire !... que vous le teniez par le cou... Oh ! ceci ne prendra
pas, ma cocotte... Et vous, drôle, sortez d'ici, ou je vous claque...

— Qu'est-ce que c'est ?... c'est moi que vous appelez drôle ?... Vous
êtes un impertinent !...

— Je vais vous flanquer ma botte quelque part... si vous ne filez pas
bien vite...

— Vous m'ennuyez... je ne vous connais pas...

— Sortirez-vous ?

— Ah ! zut !... laissez-moi tranquille...

— Zut !... il m'a dit zut, je crois... Vous ne voulez pas vous en
aller ?...

Le baron, courant sur Belatout, lui cingle son gant sur la figure. Cet
affront fait bondir le provincial, qui envoie un coup de poing dans le visage
de Spitermann. Celui-ci, furieux, veut se jeter sur son adversaire, mais
déjà on l'entoure et on l'arrête, car cette scène a attiré une partie de la

société dans le boudoir. Cracoville et le major percent la foule; Cracoville s'adresse au baron :

— Eh bien, qu'y a-t-il?... Comment! entre gentilshommes, des coups de poing!...

— Cet homme vient de me frapper...

— C'est vous qui avez commencé...

— Voyons, baron, du calme...

— Non, non... c'est dans son sang que je laverai l'injure qu'il m'a faite... il me faut sa vie... et je l'aurai...

— Qu'est-ce qu'il dit donc?... ma vie!... Par exemple... jamais!...

— Monsieur Montabord, vous m'enverrez vos témoins demain chez moi, à midi; ils y trouveront les miens... Et ne manquez pas de me les envoyer, sinon, je vous casse ma canne sur la figure toutes les fois que je vous rencontrerai...

— Vraiment.... Et vous croyez que les sergents de ville vous laisseront faire?...

Mais Cracoville et le major ont pris Belatout sous le bras et ils l'emmènent, tandis que des jeunes gens et des danseuses entourent le baron et le font rentrer dans la salle de bal.

Belatout, tout hors de lui par ce qu'il vient de lui arriver, rentre à son hôtel avec Cracoville et le major qui lui disent :

— Soyez tranquille... nous arrangerons l'affaire... nous irons demain trouver ce diable de Spitermann... nous serons vos témoins.

— Messieurs... vous comprenez... je n'ai pas la moindre envie de me battre.. Cet Allemand crie toujours et ne vous laisse pas parler... il m'a donné de son gant au visage; moi, je lui ai répondu par un coup de poing... il me semble que c'est suffisant... N'êtes-vous pas de mon avis?

— Ne vous inquiétez pas... puisque nous nous chargeons d'arranger l'affaire...

— Ah!... c'est bien aimable de votre part... je vous en serai très reconnaissant. Alors, demain, vous viendriez me dire... que c'est terminé?

— Oui; demain, en sortant de chez le baron, nous irons chez vous.

— Pas avant midi, n'est-ce pas? car il est cinq heures du matin, et c'est bien le moins que nous dormions un peu...

— Certainement... vous nous verrez vers une heure...

— Dans le salon commun, messieurs; car vous comprenez... je ne veux pas que ma fille entende parler de cette scène.

— C'est très juste; nous vous garderons le secret.

— Merci, messieurs... à demain.

Il s'est laissé séduire par les coquetteries d'une femme galante. (P. 161.)

XVIII

LA VEILLE D'UN DUEL

Belatout a fort dormi. La scène de la veille a beaucoup diminué sa
passion pour Ethelwina; il trouve que cette dame l'a fort peu défendu
contre la colère de son jaloux; quand ce monsieur lui ordonnait de sortir,

il lui semble qu'elle aurait dû montrer que l'on était chez elle, et que seule elle avait le droit d'y commander. Le vrai, dans tout cela, c'est que Belatout avait peur, et que la peur fait toujours grand tort à l'amour.

Pour se rassurer, il se disait sans cesse : « Cracoville et le major m'ont bien promis d'arranger cela. Je ne dois donc plus conserver d'inquiétudes... » Malgré cela il est tout pâle, tout défait, quand il se lève et va déjeuner avec sa fille.

— Vous êtes-vous bien amusé à ce bal, mon père? demande Diana, tandis que Friquette cherche à lire dans la physionomie de son maître ce qui peut causer son air inquiet et sa pâleur.

— Oui, ma fille, oui, je me suis excessivement amusé...

— Monsieur a sans doute beaucoup polké, car il a l'air bien fatigué?

— En effet... j'ai polké... avec succès, j'ose le croire... Friquette, tu avais fort bien attaché mon épingle... c'est grâce à toi que... que je ne l'ai pas perdue !

— Oh! dame, monsieur, une si belle épingle !... ça serait si malheureux si vous la perdiez... c'est pour cela que je la tortille un peu en l'attachant.

— Mais vous ne mangez pas, mon père?

— Je n'ai pas faim.

— Vous n'êtes pas malade? Vous êtes tout pâle !

— Je me porte très bien.

— Oh! c'est égal! se dit Friquette, il y a *quèque* chose... mais je le saurai.

Belatout regardait à chaque instant à sa montre. Enfin, sur les une heure, Jacquet vient dire :

— Les deux messieurs de l'hôtel sont dans le salon commun... le major Tourte et M. de Cracoville; ils m'ont dit : — Allez avertir votre maître que ses témoins sont là !

— Ses témoins ! Qu'est-ce que cela veut dire, mon père?

— Rien du tout, ma fille; c'est parce que, hier... à cette fête, ils ont été témoins de ma légèreté en polkant... Jacquet, dites à ces messieurs que je vous suis.

Belatout est très ému, il se lève, en disant à sa fille : « Je vais revenir, » et se hâte de se rendre au salon commun. Il y trouve le major et Cracoville, il court à eux :

— Bonjour, messieurs; ah! je vous attendais avec impatience... Eh bien, vous avez été chez ce baron si emporté, si jaloux?...

— Oui, oui, nous en venons... nous y avons trouvé ses deux témoins... L'affaire est arrangée.

— Ah! merci, messieurs ; vous êtes bien aimables d'avoir consenti à vous charger d'arranger cela... Merci mille fois !... Je n'étais pas inquiet, mais c'est égal, je suis content de savoir que c'est fini...

— Fini! dit le major, mais ce ne sera fini qu'après le combat...

— Comment! hein? Qu'est-ce que vous dites, major? Je ne comprends pas.

— Je dis que ce ne sera fini qu'après que le duel aura eu lieu...

— Le duel... pourquoi me parlez-vous de duel?... Vous venez de m dire que l'affaire était arrangée, et maintenant vous me parlez de duel !... Je trouve la plaisanterie mauvaise, messieurs !...

— Nous ne plaisantons pas, dit à son tour Cracoville ; c'est vous qui comprenez mal : nous vous avons dit que l'affaire était arrangée... cela veut dire que tout est convenu avec les témoins : l'heure, le lieu, les armes ; vous vous battrez à l'épée demain, à huit heures du matin, au bois de Boulogne...

— Mais, sapristi, je ne veux pas me battre, moi !... qu'est-ce que vous avez fait là !... Ah! c'est comme ça que vous arrangez les affaires?... Est-ce que je ne vous ai pas dit hier que je n'avais pas la moindre envie de me battre?

— Si fait! aussi nous espérions que cela se terminerait sans coup férir; mais il n'y a pas eu moyen. Le baron avait positivement dit à ses témoins : « N'acceptez aucun arrangement, aucune excuse ; il faut que le combat ait lieu. »

— Mais encore une fois, si je ne veux pas me trouver à ce rendez-vous !... On ne m'y portera pas, j'espère?

— Non ! mais vous serez regardé comme un lâche, et ce Spitermann a juré qu'il vous donnerait de sa botte au derrière partout où il vous rencontrerait. Comme nous avons bien pensé que vous ne supporteriez pas cette offense, nous avons réglé les conditions du combat.

Belatout se jette dans un fauteuil et s'arrache les cheveux en s'écriant :

— Un duel !... avoir un duel... moi, qui les ai en horreur !... mais c'est impossible !... D'abord, je ne sais pas tirer l'épée...

— Si vous préférez le pistolet, cela peut encore se faire... mais c'est plus dangereux.

— Non... non... pas de pistolet...

— Vous aimeriez mieux la carabine, comme les Américains?

— Eh! non, ni pistolet, ni carabine, ni épée... Je veux qu'on me laisse tranquille... je ne me battrai pas!

— Mon cher ami, dit Cracoville, vous ne pouvez pas faire autrement...

Réfléchissez à quoi vous seriez exposé quand ce Spitermann vous rencontrerait... et il vous poursuivrait partout...

— Alors, voulez-vous absolument qu'on me tue?...

— On n'est pas tué pour avoir un duel!

— Mais puisque je ne sais pas tenir une épée!

— Je vous donnerai des leçons ce soir, dit le major; je suis une des premières lames de Paris. Je veux, en deux heures, faire de vous un Saint-Georges!

— Alors, ce soir... j'irai vous trouver dans votre chambre... vous me donnerez des leçons...

— En vidant un flacon de rhum, c'est entendu...

— Et demain, dit Cracoville, à sept heures du matin, nous monterons en voiture et nous irons à la porte Maillot... l'ancienne entrée du bois...

— Demain matin... oui... Ah! mon Dieu!... il me semble que je rêve.

— Au revoir, cher ami.

— A ce soir, chez moi, dit le major; j'ai des fleurets excellents.

— Ça me fait bien plaisir.

Belatout rentre dans sa chambre, il est comme quelqu'un qui aurait abusé du champagne; mais il n'a qu'une pensée, qu'un désir : c'est de ne point se battre. Il marche à grands pas dans sa chambre, se laisse tomber sur une chaise, puis se relève en s'écriant :

— Eh bien, non, je ne suis pas brave!... Tant pis! après tout, ce n'est pas ma faute! On ne se fait pas soi-même... Si je m'étais fait, parbleu! je serais un César... un Achille... Que faire pour ne pas me battre!... Si mon fils était avec moi... il pourrait me remplacer... Un fils peut bien remplacer son père... mais j'ignore où il est... D'ailleurs, je lui ai aussi défendu de se battre... et je crois qu'il n'est pas plus un César que moi... Ah! Grandbec, qui doit être mon gendre... tiens, c'est une idée, cela!...un gendre c'est presque un fils... envoyons-le chercher... Il m'a dit qu'il serait à mes ordres, quand j'aurais besoin de lui; voilà bien le cas de mettre sa bonne volonté à l'épreuve.

Belatout appelle Jacquet et lui dit :

— Prends cette adresse, c'est celle de M. Grandbec; cours-y... et dis-lui que je le prie de venir me parler sur-le-champ, pour une affaire importante... Va

— Et si M. Grandbec n'y est pas, qu'est-ce que je lui dirai?

— Tu demanderas où il est; tu t'informeras... il faut absolument que tu le ramènes... Va.

Belatout tâche de se calmer un peu. Il s'assied et se fait tous les raisonnements possibles pour se prouver qu'il a le droit de ne pas se battre. Mais, malgré lui, d'autres réflexions viennent l'assaillir; il songe à tout ce qu'il a fait depuis qu'il est à Paris, où il était venu pour ne s'occuper que de son fils; au lieu de cela, il s'est laissé entraîner à des plaisirs qui lui ont fait oublier ses devoirs. Abandonnant sa fille à la compagnie de sa servante, il a couru les traiteurs, les cafés; il s'est grisé, il a joué, enfin il s'est laissé séduire par les coquetteries d'une femme galante; elle lui a fait faire mille folies, et elle est cause qu'il doit se battre en duel... lui qui avait en horreur les duellistes... Voilà ce qui lui revient sans cesse à l'esprit et ce que maintenant il se repent d'avoir fait. Quel dommage que le repentir ne vienne qu'après la faute !...

Une heure ne s'est pas écoulée depuis que Jacquet est parti, lorsque M. Grandbec vient lui-même chez Belatout, qui pousse un cri de joie en apercevant le jeune homme et lui tend la main, tandis que Jacquet se montre à la porte en disant :

— M. Grandbec était chez lui, je l'ai rapporté !...

— C'est bien, va-t'en !...et ferme la porte.

— Vous avez quelque chose d'important à me communiquer? dit Grandbec en s'asseyant en face de Belatout.

— Oui, mon cher ami... oui, mon cher fils !... Je puis bien vous appeler mon fils, puisque vous devez être mon gendre...

Le grand jeune homme sec et jaune ne répond à ces démonstrations d'amitié que par un salut très grave, en murmurant :

— De quoi s'agit-il, monsieur ?

— Eh! mon Dieu, vous allez être bien étonné, Grandbec, vous qui connaissez mes principes, mes idées bien arrêtées sur le duel, quand je vous aurai appris... de quoi il est question.

— Achevez, monsieur.

— Eh bien, mon ami, je me suis trouvé à une fête... un bal... chez une fort jolie femme... Je causais innocemment avec elle... oh! très innocemment, je vous le jure! quand un monsieur jaloux, et qui a quelques droits sur cette dame, s'est permis de trouver cela mauvais... m'a insulté... Je lui ai répondu... je crois même lui avoir donné un assez joli coup de poing... mais cela ne lui suffit pas, il veut absolument se battre à l'épée avec moi,... Enfin les témoins se sont vus... et c'est demain matin, à huit heures, que l'on prétend m'obliger à aller me battre au bois de Boulogne.

La figure de M. Grandbec s'est encore allongée davantage. Il répond d'un ton fort sec :

— Et que voulez-vous que je fasse à tout cela, moi, monsieur?

— Ce que je veux que vous y fassiez? mais cela me semble tout naturel : que vous me remplaciez dans ce duel... Si j'avais mon fils avec moi, je l'aurais chargé de ce soin, mais j'ignore où trouver Eugène; à son défaut, vous êtes mon futur gendre, c'est donc vous qui devez prendre ma place.

— Je vous remercie infiniment, monsieur, de l'honneur que vous voulez bien me faire... mais je le décline.

— Vous le déclinez!... Qu'entendez-vous par là, s'il vous plaît?

— J'entends que je refuse, et n'ai nulle envie d'endosser votre duel.

— Qu'est-ce à dire?... vous refusez de venir à mon aide quand je réclame votre appui!... Mais savez-vous bien, monsieur Grandbec, que je pourrais alors?...

— Me refuser, vous, la main de mademoiselle votre fille?... Vous n'aurez pas cette peine, car déjà j'avais l'intention de vous rendre votre promesse. Sachez, monsieur, que je ne veux plus entrer dans la famille d'un homme qui se grise, qui joue... qui, à l'âge où l'on doit être raisonnable, s'habille comme un *petit crevé*, apprend à danser et à faire la cour à des cocottes...

— Monsieur!...

— Mademoiselle votre fille me recevait assez mal, votre petite servante me tirait la langue en me faisant la grimace!... j'aurais pu excuser tout cela! Mais un beau-père qui se conduit comme un écervelé, cela ne me va pas. Adieu, monsieur ; jouez, buvez, courez les donzelles et battez-vous... je m'en lave les mains!... J'ai l'honneur de vous saluer!

Après avoir dit cela, M. Grandbec prend son chapeau et s'en va aussi gravement qu'il est entré, laissant Belatout atterré par ce qu'il vient d'entendre et ne trouvant pas un mot à répondre à ce que vient de lui déclarer ce monsieur.

Au bout de quelques minutes, Belatout regarde autour de lui et murmure :

— Il est parti! et il m'a refusé!... Il fait plus encore, il refuse maintenant d'épouser ma fille!... Heureusement, cela ne fera pas de peine à Diana... qui ne pouvait pas le souffrir!... Mais c'est de moi qu'il s'agit maintenant... Et mon duel... cet horrible duel!... comment donc m'y soustraire?... Décidément, il me faudrait mon fils... Ah! si Mᵐᵉ Plantureau avait revu Eugène!... Oui, cela serait possible... c'est une idée, cela; courons chez Plantureau.

Belatout sort vivement de sa chambre et rencontre Friquette, qui lui dit :

— Où donc allez-vous si vite, not'maître?

— Ça ne te regarde pas...

— Vous avez l'air tout chose!

— Ce ne sont pas tes affaires... ôte-toi de là... laisse-moi passer... et surtout pas un mot à ma fille.

— Sur quoi, not'maître?

— C'est mon secret...

— Si c'est son secret, comment veut-il que j'en parle? se dit Friquette; mais certainement il lui est arrivé quelque événement, et il faut pourtant que je sache ce que c'est.

Belatout a pris une voiture; il arrive bientôt chez son ami Plantureau. L'inventeur était dans la pièce où il avait fait porter ses grappins. Il regardait d'un œil piteux toute cette ferraille dont il était entouré, et s'écriait par moments : — Et dire que tout cela ne peut pas servir... ils sont trop lourds... on ne peut pas les lancer... et s'ils étaient moins lourds, ils n'opposeraient pas assez de résistance!... C'est un problème à résoudre.

— Bonjour, Plantureau!

— Tiens, c'est Belatout!

— Oui, mon ami. Je suis bien aise de te rencontrer. Peux-tu me donner des nouvelles de mon fils?

— Des nouvelles?... Eh! mon Dieu! tu vois... ça ne peut pas servir... il faut que je revende ça à la livre!

— J'ai absolument besoin de voir Eugène... c'est pour une affaire que je te conterai plus tard...

— J'ai vu les administrateurs... Croirais-tu qu'il y en a qui se sont permis de me rire au nez?

— Si tu ne l'as pas vu, ta femme l'a peut-être rencontré... il aura causé avec elle... Il aimait beaucoup causer avec ta femme.

— Moi, je m'en moque; mais je leur ai dit : « Messieurs, vous n'encouragez pas le progrès!... »

— Voyons, sapristi, tu ne m'écoutes pas, Plantureau; je te demande si tu as vu mon fils...

— Où diable veux-tu que je l'aie vu!... Est-ce que tu crois que j'ai le temps de penser à lui?

— Ah! que tu es cruel!... Mais ta femme alors... où est ta femme?

— Je n'en sais rien... elle sort toute la journée... je ne sais pas ce qu'elle invente... elle n'est jamais là...

— Et tu ne peux pas me dire où elle est?

— Quatre mille francs que j'ai dépensés en grappins!... Encore si ça pouvait servir à autre chose!...

Belatout voit que Plantureau ne l'écoute plus, et, sa femme étant

absente, il faut renoncer à l'espoir d'apprendre quelque chose sur son
fils ; il se décide à rentrer à son hôtel. Il remonte en voiture ; en chemin,
il change d'idée et dit au cocher de le conduire le long des boulevards et
de ne point aller vite ; cette recommandation arrange le cocher et les chevaux. Belatout se tient la tête à la portière, regardant avec soin tous les
hommes qui passent, espérant que parmi eux il apercevra son fils. Il fait
ainsi quatre heures de voiture, se faisant conduire dans les endroits les
plus fréquentés ; mais il n'a pas aperçu celui qu'il cherche, et rentre à son
hôtel bien après l'heure où il a coutume de dîner. Il trouve sa fille
inquiète, et Friquette qui se disposait à sortir pour tâcher de le retrouver.
Il se met à table ; il n'a pas plus faim au dîner qu'au déjeuner, mais il
boit ; il retourne à la bouteille avec une sorte d'avidité, en se disant : —
Si cela pouvait me donner du courage !

L'heure est venue de se rendre chez le major. Belatout se lève en
chancelant ; il embrasse sa fille, puis il l'embrasse encore. Diana, étonnée
de ce redoublement de tendresse auquel elle n'est pas habituée, regarde
son père avec inquiétude. Friquette ne le quitte pas des yeux. Il va pour
sortir, mais il revient pour embrasser encore sa fille, à laquelle il dit :

— Au revoir !... c'est-à-dire... c'est peut-être adieu....

— Comment ! mon père... que voulez-vous dire ?...

— Moi... rien... je me trompais... je pensais à autre chose... Au
revoir !... car ils auront beau faire... au revoir !...

Belatout se rend à l'appartement du major, chez lequel il trouve
Cracoville ; ces messieurs jouent à l'écarté tout en buvant du rhum. Ils se
hâtent d'offrir un verre à leur visiteur ; ils sont d'une humeur charmante,
ce qui semble assez ridicule au provincial, qui leur dit :

— Vous avez l'air bien gais ce soir, messieurs ?

— Et pourquoi ne serions-nous pas gais, cher voisin ?... Ce rhum
est délicieux !...

— Mais ne songez-vous donc plus que je dois me battre demain ?

— Eh bien, en quoi voulez-vous que cela nous attriste ?... Un duel
est une chose toute simple, cela n'a rien d'attristant.

— Ah ! monsieur de Cracoville, si c'était vous qui dussiez vous
battre, vous ne prendriez peut-être pas la chose si gaiement !...

— Moi !... Apprenez, monsieur de Montabord, que j'ai eu plus de
quinze duels dans ma vie, et que j'ai toujours été sur le terrain en sif-
flotant un petit air !

— Et moi, donc ! dit le major ; je ne sais plus le nombre de mes duels,
c'est fabuleux !... C'était un jour de fête pour moi...

— Oh ! mais, vous, major, c'est votre état ! Enfin, messieurs, puisque

A toi, Friquette! pare celle-là... et puis celle-ci... mais pare donc! (P. 167.)

cela vous plaît tant de vous battre, que l'un de vous prenne ma place, ça m'obligera!

— Impossible, cher monsieur, impossible! Il faut que tout se passe suivant les règles établies; nous sommes vos témoins...

Ah! si les témoins veulent se battre aussi, nous serons là, prêts à leur tenir tête...

— Vous avez le diable au corps! Vous voulez que tout le monde se batte à présent!...

— Buvez, monsieur de Montabord, et venez prendre une leçon d'escrime.... Je vais vous apprendre à vous servir d'une épée.

Belatout boit, prend en tremblant le fleuret que lui présente le major, puis s'assure qu'il est bien boutonné; celui-ci le place, lui montre à se mettre en garde, et Cracoville, voyant combien Belatout a de peine à tenir son arme, lui verse un second verre de rhum, en lui disant :

— Buvez-moi cela... et vous tiendrez plus fermement votre épée.

Belatout boit, et bientôt se sent mieux disposé; le major lui fait parer quarte, parer tierce, l'encourage, lui crie :

— Ça va! ça va!... Encore un petit verre de rhum!

— Il est certain que cela donne de la fermeté! dit Belatout en avalant un troisième verre.

— Maintenant, fendez-vous sur moi... attaquez... attaquez toujours, ne laisssez pas respirer votre adversaire... fatiguez-le... c'est là le grand jeu... Ça va! ça va!...

— Encore un petit verre de rhum! dit Belatout; c'est étonnant comme cela me met en train!... Croiriez-vous une chose, messieurs? eh bien, c'est que je n'ai plus peur du tout.

— Mais nous étions certains que vous finiriez par avoir du courage.

— Moi, je ne l'aurais pas cru!... Allons, major, j'y suis... je me fends...

— Très bien!... superbe!... Encore un verre de rhum et vous me boutonnerez...

— Volontiers... ce rhum me donne une chaleur!... A vous, major... en garde!...

— Très bien!... mais maintenant, reposons-nous un peu...

— Vous voulez vous reposer, major? je suis bien en train, cependant.

— Nous reprendrons la leçon plus tard. Reposons-nous en faisant une partie d'écarté...

— Soit! tout ce que vous voudrez... Pourtant j'aimais mieux me battre!

On se met au jeu; mais Cracoville et le major ont soin d'entretenir la valeur de leur élève en lui faisant boire du punch après le rhum; et Belatout, qui est déjà très étourdi, ne tarde pas à perdre une centaine de francs qu'il avait sur lui; après quoi il se lève et veut reprendre la leçon d'escrime.

Mais il ne lui est plus possible de garder son équilibre; et les deux joueurs, voyant qu'il n'y a plus moyen de lui faire tenir des cartes, l'engagent à aller se coucher et l'avertissent qu'ils viendront le chercher le lendemain à sept heures du matin.

Belatout retourne chez lui en trébuchant un peu et en parlant tout seul. Au moment d'entrer dans sa chambre, il se trouve devant Friquette qui, un bougeoir à la main, guettait le retour de son maître. A sa figure animée, à sa démarche oscillante, elle voit sur-le-champ qu'on vient encore de le griser. Quant à Belatout, en apercevant sa petite servante, il se met en garde et lui porte une botte avec sa main, en lui criant :

— A toi, Friquette! pare celle-là... et puis celle-ci... mais pare donc !...

— Ah! mon Dieu! monsieur, qu'est-ce qui vous prend, ce soir?... Comment! vous voulez vous battre?...

— Friquette, je viens de prendre, chez le major, une leçon d'escrime... et une fameuse !

— Et pour quoi faire, monsieur?

— Pour être, demain matin, en mesure de tuer mon adversaire... au bois de Boulogne, à huit heures...

— Qu'est-ce que vous dites là, monsieur? Vous devez vous battre demain au bois de Boulogne, et avec qui donc?

— Avec cet Allemand!... ce Spitermann... l'amoureux furibond... mais son affaire est claire... je le tuerai!... Mes témoins me l'ont affirmé...

— Ah! mon Dieu!... un duel!... Vous,. monsieur?...

— Oui, Friquette... D'abord j'avais peur... mais, à présent, je m'en fiche... parce que, vois-tu : une, deux... vlan!... tu es touchée... Ça n'est pas plus difficile que ça...

— Prenez garde, monsieur, vous allez tomber...

— Ce n'est rien... En garde!...

— Ah! monsieur, ce n'est pas possible !... Vous qui avez les duels en horreur!...

— C'est vrai..., mais, vois-tu... je me sens bien fatigué... je vais me coucher... Surtout, Friquette, pas un mot à ma fille !...

— Mais, monsieur...

— Pas un mot!... Je vais me coucher... une, deux!

Belatout est entré dans sa chambre, et Friquette, toute saisie par ce qu'elle vient d'apprendre, s'éloigne vivement en se disant :

— C'est moi qui l'ai poussé à faire tout cela, dans l'intérêt de mam'zelle... pour servir ses amours avec M. Marcelin. Oh! mais je ne veux pas que not'maître se batte, et il ne se battra pas!

XIX

IL NE FAUT JURER DE RIEN

Belatout a fort mal dormi; l'ivresse de l'alcool est plus mauvaise que celle du vin. A cinq heures du matin, il sort de son lit; ce n'est plus le même homme que la veille; avec les esprits du rhum se sont évaporées toutes ses idées belliqueuses.

Sa valeur factice a disparu; il est redevenu aussi poltron qu'auparavant. Et, lorsqu'il se rappelle qu'il a un duel le matin même, il se rasseoit sur son lit en se disant :

— Si je me recouchais... si je faisais le malade... si je ne me levais pas de quinze jours?... Mais il faudrait finir par se lever... et ce maudit baron a dit qu'il me poursuivrait partout... Dans quel guêpier me suis-je fourré!...

Belatout passe son pantalon, puis s'arrête, ôte son pantalon, se recouche, et au bout de quelques instants remet son pantalon. Après avoir fait le même manège pour chaque pièce de sa toilette, il entend frapper à sa porte; il fait un bond de terreur en s'écriant :

— Qui va là? Je n'y suis pas!...

On entr'ouvre sa porte et Jacquet paraît.

— Qu'est-ce que tu veux, imbécile? Qui t'a permis de venir me réveiller de si bonne heure?

— Notre maître, je ne vous réveille pas puisque vous êtes levé...

— Enfin, pourquoi viens-tu? Je ne t'ai pas sonné...

— Notre maître, ce sont vos témoins qui vous attendent et m'ont dit de venir vous avertir... Il paraît que maintenant vous avez des témoins pour aller vous promener...

— Quoi... déjà!... Est-ce qu'il est sept heures?

— Oui, les voilà qui sonnent... entendez-vous?...

— Ah! mon Dieu!... déjà sept heures!... Et l'on est levé dans l'hôtel?

— Oh! il y a même déjà longtemps que Friquette est sortie.

— Friquette est sortie! Où est-elle allée?

— Ah! voilà ce que je ne sais pas... Où peut-elle être allée courir, elle qui ne doit connaître personne à Paris?... Voyez-vous, monsieur, cette petite fille-là a des allures... à votre place, je la surveillerais.

Belatout n'écoute plus Jacquet; il a fini de s'habiller: il se demande s'il ira embrasser sa fille avant de partir; mais, pendant qu'il hésite, Cracoville et le major arrivent et lui disent :

— Allons donc, paresseux!... il n'y a pas de temps à perdre... la voiture est en bas... il ne faut jamais être en retard, cela fait un mauvais effet. Venez, venez donc...

Et chacun d'eux le prend sous un bras, l'entraîne, l'emporte presque, et le fait monter en voiture, sans lui laisser le temps de se reconnaître. La voiture part; Belatout regarde ses deux témoins en balbutiant :

— Où allons-nous comme ça?

— Vous le savez bien... au lieu du rendez-vous, à la porte du bois de Boulogne.

— Messieurs... c'est que je n'ai plus du tout l'intention de me battre!

— Vous plaisantez! Nous vous avons laissé si bien disposé hier au soir!...

— Hier au soir, vous m'avez fait boire du rhum... je n'étais plus dans mon état normal. Ce matin, j'y suis; j'ai horreur du duel... Voyons, messieurs, sapristi! est-ce qu'il n'y a pas moyen d'arranger les choses sans se faire tuer?

— Écoutez, mon cher monsieur de Montabord, dit Cracoville, vous devez bien penser que nous ne tenons pas, nous, à ce que vous vous battiez.

Il y a beaucoup de duels qui, sur le terrain, se changent en un déjeuner que paye un des adversaires...

— O mon cher ami! je le payerai... je ne demande pas mieux que de payer un superbe déjeuner... un déjeuner dînatoire!...

— Que l'on terminerait par un baccarat, dit le major.

— Par tous les jeux que vous voudrez... Je vous en prie, changez cela en un déjeuner...

— Nous tâcherons... il faudra convenir que vous aviez tort...

— J'en conviendrai...

— Faire des excuses au baron; et, s'il veut les accepter... en avant chez le traiteur!

— C'est cela, en avant chez le traiteur!... et je ne lésinerai pas!...
Ah! messieurs, cet espoir me rend tout mon courage!...

— Alors, vous avez envie de vous battre?

— Non, fichtre! ne vous y trompez pas...

— Et mes leçons d'hier?

— Vos leçons, major! J'ai totalement oublié ce que vous m'avez
enseigné... je ne saurais plus tenir une épée.

— Nous sommes arrivés.

— Déjà!... Comme ce fiacre a été vite!

On descend de voiture. Belatout s'aperçoit alors que le major a
apporté des épées de combat, qu'il avait cachées au fond de la voiture;
il s'écrie :

— Pourquoi donc avez-vous apporté ces armes, major?

— C'est assez l'usage quand on va se battre...

— Mais puisque ce sera un déjeuner!...

— Si le baron accepte vos excuses; mais, s'il n'en veut pas, il faudra
bien dégaîner.

— Mais, si on n'avait pas d'armes, on ne pourrait pas se battre...

— Soyez tranquille! à notre défaut, les témoins du baron doivent
en avoir... Allons, en avant!... Je sais dans quelle allée on nous attend...

— Cracoville, donnez-moi votre bras... j'ai de la peine à me soutenir!...

On se met en marche; on ne va pas vite, car il faut presque traîner
Belatout pour le faire avancer.

Au détour d'une allée, on aperçoit M. Spitermann accompagné de
deux jeunes gens.

— Voyez-vous, ils sont arrivés avant nous, dit le major.

— Non... je ne vois rien... murmure Belatout. Ma vue se trouble...

— Mais ils nous ont vus et nous font signe de les suivre... Suivons-
les... ils connaissent les bons endroits.

— Les bons endroits... pour déjeuner?

— Pour se battre...

— Mais, puisque je ne veux que déjeuner!...

— Ah! sacrebleu! monsieur de Montabord, laissez-nous donc mener
les choses dans les règles.

Le baron et ses témoins se sont, en effet, enfoncés dans un fourré où
le monde ne passe jamais. Cracoville et le major parviennent, non sans
peine, à y faire arriver Belatout.

Les adversaires et les témoins se trouvent alors en présence; deux cris partent tout à coup. Spitermann a pour témoins le petit peintre Mirza et le jeune Eugène Belatout :

— Mon père!...

— Mon fils!...

Telles sont les exclamations qui se font entendre en même temps.

— Comment, mon père, c'est vous qui êtes l'adversaire de M. Spitermann?... Mais on m'avait dit que cet adversaire se nommait Montabord?...

— Oui, mon ami, en effet; c'est un nom que j'avais pris pour venir te chercher dans Paris...

— Et vous avez un duel?... Ce n'est pas possible!...

— Comment! c'est là monsieur votre père? s'écrie à son tour le baron. Eh bien, mon cher Eugène, je ne vous en fais pas mon compliment!... Ah! c'est là ce M. Belatout qui trouve mauvais que vous vous amusiez à Paris, que vous courtisiez les dames, que vous aimiez la table, le jeu, le bal, tous les plaisirs de votre âge!... Eh bien, savez-vous ce qu'il fait à Paris, lui?... je vais vous le dire : il fréquente des... je ne sais qui!...

En disant ces mots, Spitermann jette un regard sur Cracoville et le major, qui se contentent de froncer le sourcil.

Puis il continue :

— Il joue, perd son argent fort bêtement, se grise au point de ne plus pouvoir se tenir, et se permet de faire la cour à ma maîtresse... Voilà ce que votre père fait à Paris.

— Monsieur, dit Belatout, il me semble que vous pourriez vous dispenser de conter tout cela à mon fils.

— Et pourquoi donc ne le dirais-je pas?... Je suis enchanté au contraire qu'il sache ce que vous valez! Et, maintenant, assez de paroles et l'épée à la main!

Et le baron ôte son habit, que reçoit le petit Mirza, qui en même temps lui présente une épée.

Belatout devient pâle comme un mort. Eugène court à Spitermann, en s'écriant :

— Voyons, baron, j'espère que vous n'allez pas vous battre contre mon père?

— Si fait, pardieu! Votre père m'a offensé... il m'a donné un coup de poing...

— Je ne l'ai pas fait exprès! balbutie Belatout.

— Vous vous moquez de moi!... Et quand je vous priais de sortir de chez Ethelwina, vous m'avez dit : « Zut! monsieur!... » Je ne pardonne pas ce mot-là !

— Comment! mon père, vous avez dit : zut! à monsieur le baron?

— Est-ce que savais ce que je disais!... Enfin... puisque monsieur veut absolument se battre... prends ma place, Eugène, je te la cède...

— Que je me batte pour vous?... Oh! non, mon père ; je me rappelle trop bien tout ce que vous m'avez dit touchant le duel... Vous m'avez menacé de votre malédiction si jamais j'en avais un!... Je ne veux pas m'y exposer en me battant... D'ailleurs, je suis bien persuadé que le baron ne m'accepterait pas pour adversaire!...

— Non, assurément. Voyons, monsieur, *sapremann! tarteiff!* est-ce que nous n'allons pas en finir?

En disant cela! Spitermann brandissait son épée et avait presque son visage sous le nez de Belatout.

— Si, monsieur, nous allons en finir! dit un jeune homme qui depuis quelques instants se tenait à quelques pas derrière des arbres, d'où il écoutait et observait tout ce qui se passait, puis qui, écartant doucement Belatout, va se placer devant le baron, qu'il regarde de fort près et d'une façon très provocante.

— Marcelin! s'écrient en même temps Eugène et son père.

— Qu'est-ce que c'est que celui-là? dit Spitermann; d'où sort-il?...

De quel droit, monsieur, venez-vous vous placer entre moi et mon adversaire?

— Parce que c'est moi maintenant qui suis votre adversaire...

— Vous? je ne vous connais pas!

— Je vous connais assez, moi, pour vous dire que vous êtes un lâche de vouloir vous battre contre quelqu'un qui ne sait pas tenir une épée.

— Un lâche! Ce mot-là vous coûtera cher, monsieur... et quand j'aurai fini avec le Belatout, ce sera votre tour.

— Non pas!... vous allez sur-le-champ vous aligner avec moi, sinon je vous soufflette, et de la bonne manière!... Allons, baron Spitermann, vous faites bien des façons pour vous battre, maintenant que vous avez pour adversaire un homme qui sait se défendre... Si vous avez peur, faites des excuses à M. Belatout, et tout sera fini.

— Peur!... moi!... faire des excuses!... Ah! mille tonnerres!... En

Mon mari, il serait possible!... mon père, vous consentez? (P. 175.)

garde, monsieur, quand j'aurai fini avec vous... les autres y passeront
aussi.

— C'est ce qu'il faudra voir, monsieur!

Marcelin va prendre une des épées que tenait le major. Celui-ci et
Cracoville veulent s'interposer et empêcher ce combat, qui ne leur semble pas dans les règles.

Mais le baron les repousse avec colère, en disant :

— Arrière, sacrebleu! et laissez-nous tranquilles, ou vous aurez aussi affaire à moi!

En voyant Marcelin ôter son habit et se placer en face de Spitermann, Belatout se sent prêt à se trouver mal; il est obligé d'aller s'adosser à un arbre pour se soutenir.

Mais de là il ne perd pas de vue les combattants.

Le baron sait fort bien tirer, mais en ce moment il est aveuglé par la fureur et charge à coups redoublés son adversaire. Marcelin, au contraire, conserve tout son sang-froid, et, au moment où Spitermann veut lui porter une botte, se fend sur lui et lui enfonce son épée dans le côté droit.

Le baron est tombé, Belatout pousse un cri en disant :

— Mon Dieu!... est-ce qu'il est mort?...

— Non, mais s'il en revient il aura de la chance! dit le major, qui examine la blessure.

— Il faut le secourir au moins.

— Il y a sa voiture qui n'est pas loin, dit Mirza. Messieurs, aidez-moi, nous allons l'y transporter...

— De grâce, messieurs, prodiguez-lui tous vos soins, dit Belatout en s'adressant à Cracoville et au major. Car, moi, je ne lui en voulais pas, à cet homme.

Mais après tout, si Marcelin n'avait pas pris ma place, c'est moi qui aurais reçu ce coup d'épée, et j'aime autant que les choses se soient passées ainsi... Marcelin, Eugène, venez avec moi, ne restons pas plus longtemps ici...

J'y ai le cœur trop oppressé... Voyons, Eugène, est-ce que tu préfères rester encore avec ton baron?

— Oh! non, mon père. Il voulait se battre avec vous... je ne suis plus son ami.

Belatout sort du bois, appuyé sur le bras de son fils et celui de Marcelin, auquel il dit :

— Mon ami, je vous dois la vie, et je ne vous ai pas encore remercié... mais je vous remercierai mieux tout à l'heure. Par quel miracle vous êtes-vous trouvé là, juste au moment où ma position n'était plus tenable?

— Mais c'est bien simple, monsieur... Ce matin, avant six heures, Friquette était chez moi et m'apprenait que vous aviez un duel pour huit heures au bois de Boulogne... Alors j'ai guetté de loin votre départ, et je vous ai suivi.

— Comment! c'est Friquette?... Elle savait donc que vous étiez à Paris?

— Oh! oui, monsieur... Je l'avais rencontrée plusieurs fois, ainsi que mademoiselle votre fille...

— Je comprends... Décidément tout est pour le mieux.

On est monté en voiture, et l'on arrive à l'hôtel, où Diana attendait avec inquiétude le retour de son père; car, sans lui dire positivement ce dont il s'agissait, Friquette ne lui avait pas caché qu'un grand événement allait avoir lieu. Aussi la jeune fille pousse-t-elle un cri de joie en voyant entrer son père, et son bonheur redouble en apercevant son frère et son amoureux. M. Belatout prend Marcelin par la main et le conduit vers sa fille en disant :

— Tiens, Diana, voilà ton mari que je te présente...

— Mon mari!... Il serait possible, mon père!... vous consentez?...

— Ah! monsieur, que je suis heureux!

— Oui, mes enfants, oui, je consens... mais à une condition : c'est que nous allons quitter cette ville et retourner à Bar-le-Duc tout de suite, ce matin même.

J'en ai assez de Paris! Je n'y ai fait que des sottises, et je n'ai pas envie de continuer.

Eugène, est-ce que tu ne reviendras pas avec nous? Sois tranquille, je ne veux plus te faire épouser Mlle de Boissalé. Tu ne te marieras que quand ça te plaira... et je ne te défendrai plus de t'amuser.

— O mon père, alors je vais avec vous... je ne vous quitte plus.

— Très bien! comme cela, je vois que tout le monde est content... et Friquette aussi, qui saute là-bas dans un coin.

En effet, Friquette sautait de joie et battait des mains en se disant :

— Ça y est! j'ai réussi!... Ah! je l'avais mis dans ma tête et je savais bien que j'en viendrais à bout.

Le jour même, toute la maison Belatout et Marcelin Nigelle quittent Paris. On prend le chemin de fer et on se remet en route pour Bar-le-Duc.

M. Belatout avait d'abord l'intention de laisser une lettre d'adieu pour Cracoville et le major, mais son fils l'en détourne en lui disant :

— Ces gens-là ne méritent pas que vous vous occupiez d'eux; ce sont tout bonnement des chevaliers d'industrie, qui sont à la piste des étrangers ou des provinciaux pour tâcher de leur soutirer leur argent.

Soyez bien persuadé d'une chose, mon père ; c'est que la belle Ethelwina Mᵐᵉ de Vanilley, Cracoville et le soi-disant major, tout ce monde-là s'entendait pour vous faire financer.

— Et ton baron allemand?

— Spitermann est la dupe de sa maîtresse; plus il lui en donne, plus elle le trompe... c'est l'usage!...

— Sapristi! se dit Belatout, je suis encore bien heureux d'avoir conservé mon épingle !

Quelques semaines après le retour de la famille Belatout à Bar-le-Duc, on y célébrait le mariage de Diana avec Marcelin Nigelle. Belatout est maintenant d'une humeur charmante, et il dit à son fils :

— Vois-tu, Eugène, la seule chose que je regrette, c'est de ne point avoir à cette noce ce pauvre Plantureau et sa femme; d'autant plus que je crains bien que Plantureau ne se ruine entièrement avec ses inventions.

— Rassurez-vous, mon père, dit Eugène. Sa femme lui a donné une idée très bonne et avec laquelle il pourra faire fortune s'il réussit.

— Qu'est-ce que c'est?

— C'est d'inventer des paracornes.

Le soir des noces, Friquette ne peut s'empêcher de rire plus encore que de coutume en regardant son maître, qui lui dit :

— Pourquoi ris-tu si fort?

— Ah! not'maître, c'est de souvenir... Je me rappelle, quand je vous vantais M. Marcelin, que vous disiez : « Jamais un duelliste n'entrera dans ma famille... »

Et c'est par un duel qu'il y est entré!

— Cela prouve, Friquette, qu'il ne faut jurer de rien.

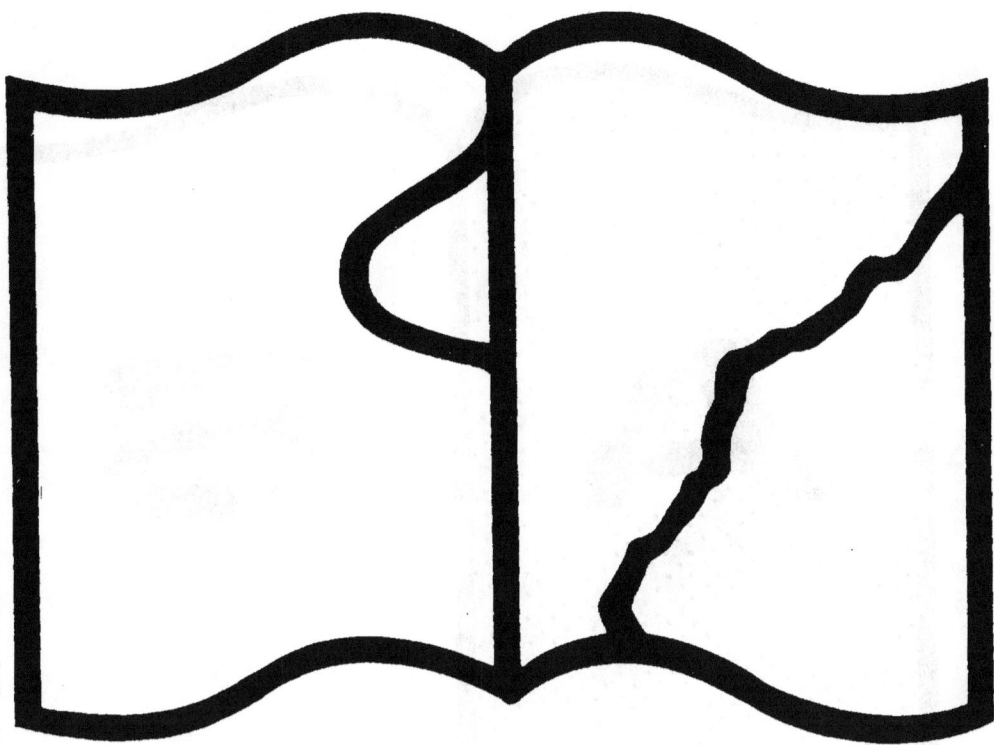

Texte détérioré — reliure défectueuse

NF Z 43-120-11

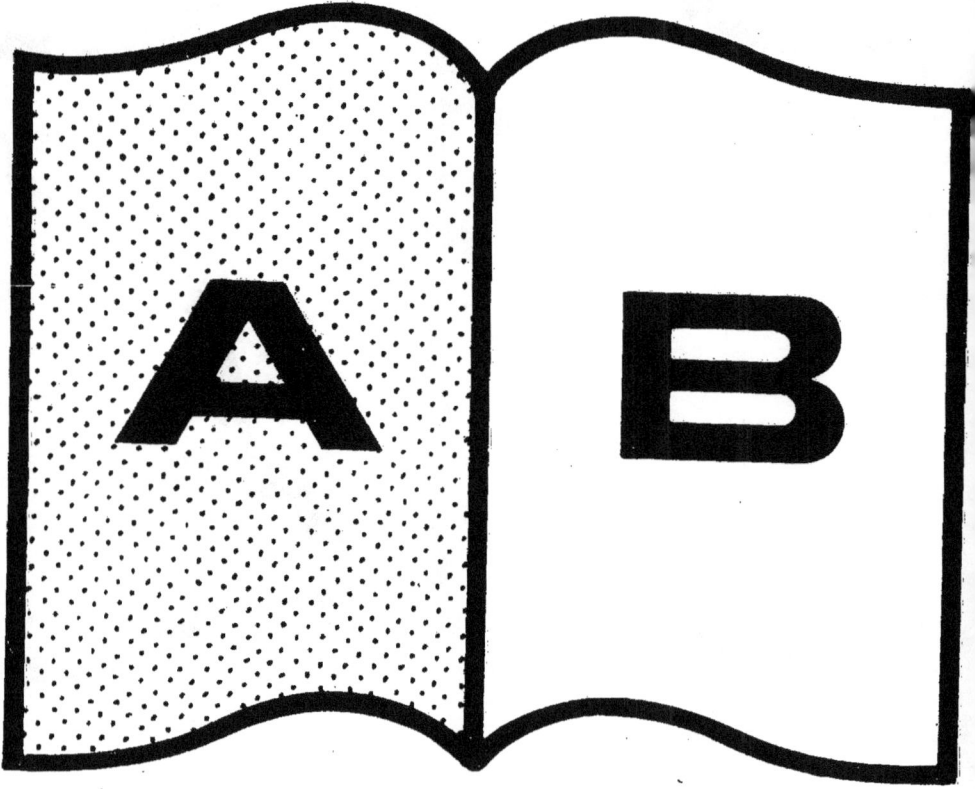

Contraste insuffisant

NF Z 43-120-14